民主與自治的局限

Democracy and the Limits of Self-Government

阿當‧普熱沃斯基〔Adam Przeworski〕 著

郭 芬 田飛龍 譯

商務印書館

民主與自治的局限（Democracy and the Limits of Self-Government）

作　　者：阿當‧普熱沃斯基（Adam Przeworski）

譯　　者：郭芬　田飛龍

責任編輯：黃振威

封面設計：涂　慧

出　　版：商務印書館（香港）有限公司
　　　　　香港筲箕灣耀興道 3 號東滙廣場 8 樓
　　　　　http://www.commercialpress.com.hk

發　　行：香港聯合書刊物流有限公司
　　　　　香港新界荃灣德士古道 220-248 號荃灣工業中心 16 樓

印　　刷：美雅印刷製本有限公司
　　　　　九龍觀塘榮業街 6 號海濱工業大廈 4 樓 A 室

版　　次：2024 年 4 月第 1 版第 6 次印刷
　　　　　© 2017 商務印書館（香港）有限公司
　　　　　ISBN 978 962 07 6561 2
　　　　　Printed in Hong Kong

目　錄

中文版前言 [1]

　　民主制度，既有長處，也有局限。本書就是關於民主制度
這兩個方面的研究，因為只有認清和理解民主的這兩個方面，
人們才能作出明智的政治決斷。評論不同的政治安排（在此界
定為不同的政權），不能從其自圓其說的理念出發，而必須從
這些政權在真實世界中的實際運作狀況出發，從它們的真實
存在狀況出發。支撐建立現代代議制的理念，曾經是"人民自
治"："人民"作為一個整體（Singular），應該是該制度下所有
法律的唯一根據。但是，就其最初的界定而言，人民自治這一
理念，邏輯上既不嚴謹，實踐上也不可行。首先，當人民作為
一個整體的時候並不能實施統治，我們必須委派他人去立法和
施政，必須由他人來進行統治。第二，上述理念假設所有人都
有共同的偏好，都嚮往同樣的法律秩序。但是，我們所看到的
卻是無處不在的圍繞着觀念、利益或規範的衝突。面對這些衝
突，這一假設難以成立。

　　因此，哪怕是最佳形態的民主制度，也都成了最初的民主理

1　本文原為本書作者以英文撰寫，並由作者學生、現任中山大學政治與公共事務管理
　　學院何高潮教授翻譯成中文。

念的不完美實現：在這一制度下，人民由他人統治，而集體性衝突則根據某種規則和程式（主要是選舉）加以處理。民主制度最多只能實現這樣一種機制，即：從來不能自治的民眾，可以選舉產生統治他們的人，如果他們願意的話，可以在不同的時間選舉產生不同的統治者。就我們今天所了解的民主制度而言，它其實只是這樣一種機制。

環顧世界，你會發現特定的民主制度在不同的社會和經濟條件下發揮着作用，也暴露出各自的缺陷。雖然美國經常把自己說成是民主的典範，是世界上最好的民主制度，但美國的民主制度是非常不完美的，表現為：其政治制度偏向保護現有的社會和經濟狀況、受財富的影響和滲透、建基於一個從社會和經濟層面而論，都是高度不平等的社會之上。當我們將民主作為制度去評判的時候，我們不能僅僅聚焦於美國。當然，所有的民主制度都有自己的缺陷。所以，當我們去評判某個民主制度時，我們必須要問，該制度的哪些缺陷，是由特定具體的制度安排所致，這些制度又在哪些具體的條件下運行？哪些缺陷是民主特有的。換句話說，我們必須區分哪些是民主在其最理想的狀況下固有的局限，哪些是在特定民主制度下產生的缺陷。本書的主題，恰在於此。

任何民主制度都會面臨以下四個挑戰。第一，如何減少社會和經濟領域的不平等，以及政治領域的不平等；第二，如何讓人民感到他們的政治影響是有效的；第三，如何確保讓政府做人民想讓政府做的事，而不做人民不想政府去做的事；第四，如何平衡集體福利與個人自由的界限。這四項挑戰，沒有一樣是容易解決的。而不同的民主制度也在不同的時期或多或少地應對了這些挑戰。

　　儘管民主制度在其最理想的狀態下也不能解決上述四大挑戰，但這很可能是因為，任何一種政治制度，即使在其最理想的狀態下，也不可能解決這些挑戰。我們不應該根據抽象的理念去評判政治制度，而必須根據它們的真實潛力去判斷。民主確有局限，但別的政治安排也有局限。因此，認識這些局限就變得非常重要，即：無論在何種制度下，哪些理想可以實現，而哪些理想是不可能一併實現的。我相信，民主的優勢在於以下三個方面：第一，在通過選舉進行集體決策，從而促使政府的決策與人們的偏好相一致這一點上，民主制度雖然不完美，但卻優於任何其他制度。第二，雖然不完美，但選舉提供了週期性的檢驗，看政府是否對民眾的利益和價值觀作出回應，即它把所有政府都說的為人民服務這一承諾，付之於週期性的檢驗。第三，在人類歷史上，民主制度是迄今而言，唯一可以容忍人們在相對自由與和平的狀態下處理社會衝突的制度。

Preface to the Chinese Edition

Democracy has virtues but also limits. This book is about both because both have to be recognized and understood to make enlightened political judgements.Different political arrangements, which we now distinguish as "regimes", must be viewed not in terms of ideals by which they justify themselves but as they operate in the real world, as they really exist. The ideal that justified the founding of modern representative institutions was "self-government of the people": "the people," in singular, should be the only source of laws under which it would live. Yet as formulated originally, this ideal is neither coherent logically nor feasible practically. First, all the people cannot govern. We must delegate law making and their execution to others; we must be governed by others. Secondly, this conception assumed that everyone has the same preferences about the legal order under which each and all want to live, an assumption that collapsed given the manifested ubiquity of conflicts over values, interests, or norms.

Democracy at its best, therefore, is already an imperfect realization of this original ideal: it is a system in which people are governed by others and in which collective conflicts are processed according to some rules and procedures, principally elections. The best that can be realized is a mechanism through which people who never govern themselves select their rulers and at different times can select different rulers if they wish so. Democracy, as we know it today, is this mechanism.

When one looks around the world, however, one sees particular democratic systems, functioning under particular social and economic conditions, and exhibiting particular deficiencies. While the United States often portrays itself as the paragon of democracy, the best in the world, the American democracy is a highly imperfect system, with political institutions that favor the social and economic status quo, permeated by the influence of wealth, in a society with a high level of social and economic inequality. One should not judge democracy as a system by focusing on the United States. Yet all democracies experience deficiencies of their own. Hence, in evaluating democracy as a system we must ask which of their deficiencies are specific to the particular institutional arrangements and the particular conditions under which these institutions operate and which are generic to democracy as such: we must distinguish the limits of democracy at its potential best from the deficiencies of particular democratic systems. This is the theme of this book.

The four problems facing any democratic system are (1) How to reduce inequality in the social and economic realm, which in turn, impacts inequality in the political realm, (2) How to make people feel that their political participation is effective, (3) How to assure that governments do what most people want them to do and not to do what people do not want them to do, and (4) How to balance collective welfare and limitations of individual freedom. None of these challenges is easy to solve and different democracies, at different times, are more or less successful in meeting them.

Yet even if democracy cannot solve all these challenges even at its best, it may well be that this is because they cannot be solved by any political system at its respective best. Political systems should be judged not by abstract ideals but by their real potentials. Democracy has limits but all other political arrangements have limits too. Hence, it is important to realize what these limits are: which ideals can be and which cannot be collectively realized by any political system. The virtues of democracy, I believe, are three: (1) Even if imperfectly, the mechanism of making collective choices by elections aligns government decisions and individual preferences better than any other system. (2) Even if imperfectly, elections provide periodic tests whether the government is responsive to people's interests and values, they test the claim made by all governments that they rule in the best interests of the people. (3) Democracy is the only system in history that allows whatever conflicts that emerge in a society to be processed in relative liberty and peace.

前　言

　　本書源於自身經歷，這些經歷或可解釋本書的寫作動機和目的。

　　由於在共產主義國家波蘭長大，我只能模糊地、好似透過窗簾一般想像民主。而最吸引我的，則是激動人心的選舉。政黨間競爭，有人贏，有人輸，即使他們之間的機會是不平等的，也沒人知道比賽將如何結束。這有點兒像我熱衷的足球，因此我用看外國足球賽比分的方式，看待外國選舉的競爭結果。而且為了加大我的情感賭注，我在這兩項競賽中都有了至愛之隊：瑞典社會民主黨和阿仙奴。

　　我第一次體驗到民主是 1961 年至 1963 年在美國期間。雖然作為研究生的我，被迫讀的第一本教科書，一翻開是這樣寫的：“美國有着世界上最好的管治體系”，但是我的經歷卻不那麼激勵人心。由於當時的美國還在從麥卡錫主義的影響中恢復，這個國家並不像自我描述的那樣，是自由的堡壘。我甚至親身經歷過這樣一件事：由於一家戲院不願放映尺度大膽的外國電影，一羣研究生計劃在戲院外示威。為組織示威隊伍，我們成立了一個名叫“自由行動學生聯會”的政治團體。很快，聯會會長就收到了當地警察局長的電話。局長半夜在地下車

庫見了他，告訴他尚有幾張未交的違規泊車的告票，他很可能
因此被逮捕。自由行動就這樣結束了。比這種波蘭式的警察
壓迫更令我困惑的是，審查和壓迫能得到美國民主下的大多數
民眾的支持。這種情況在波蘭都不會存在：雖然共產主義領
導往往正經過度，但是他們僅僅卡住電影的年齡限制，不會多
做甚麼。雖然警察無處不在，但無人不認為他們是一羣暴徒。
因此，我那時沒有跟着研究生院要求的課程學習，而是把時間
花在如飢似渴地閱讀托克維爾如何警告多數人的暴政，以及納
粹主義下德國難民對他們見到的"集權民主"如何反應上。我
幾乎被研究院勒令退學，因為我的一些老師認為我讀的書不是
"政治科學"。但由於還有些老師為我辯護，最後我還是畢業
了。後來，就帶着對這樣的民主印象回到了波蘭。

　　然而，這一經歷還不能完全說服我，因為我仍然認為通過
選舉挑選領導人是個好主意，而且在我的祖國，選舉一定真的
會讓事情變得更好。在共產主義領導層裏一定也有人和我想法
一樣，因為 1965 年波蘭共產黨突然宣佈在村一級選舉中，賦
予人民一些發言權。由於共產主義者熱衷於保持記錄，所以這
些選舉的詳細結果是可以查到的。我和我的一個同事便一起對
結果進行分析。我們發現那些新當選的人，從任何可觀察到的
特徵看，包括黨員身份在內，與那些被淘汰的人無甚不同。於
是，我們就說："瞧，人民被允許挑選他們喜歡的代表，打發走
不受歡迎的，接下來就甚麼事都沒有了。一點兒都沒傷害到共
產主義或者共產黨。"文章發表在波蘭聯合工人（共產主義者）
黨的理論喉舌《新路》上。兩個星期之後，我們和波蘭科學院

的領導一起被掌管黨意識形態的領導召去他的總部（現在已經是股票交易所）。他一定是看穿了我們的意圖，因為他憤怒地稱我們是“標新立異者、修正主義者、盧森堡主義者”，我記不得他還叫我們甚麼。他還說：“等着瞧，你們會看到的！”這句話當然不是預言我們的視力。最後的制裁是限制我出國旅行。但由於波蘭的鎮壓系統不是很有效——簡直沒有效，所以如果你認識一個有關係的人，你可以躲過大部分政治制裁。禁令只維持了大約一年。[1]

當我 1967 年回到美國時，美國已經變了一個樣。去電影院示威的建議過去一定會被人怒斥為“標新立異者”，但那時整個國家卻散發着革命的熱情：革命關乎文化和個人，而不只是政治上的。那是歷史上人們少有感到自由的時刻，或許其中的原因如卡勒雷的《德國小鎮》中的角色所説的那樣：“只有當你為自由奮鬥時，自由才是真實的。”批判制度的標語中有一條是這麼寫的：“權力歸於人民”。我對此心生好奇，因為之前我被教導的是，人民的權力正是制度：這是“民主”的含義。很顯然，選舉權不是這個標語所指的權力。選舉無關乎任何事：民主黨和共和黨，有甚麼區別？掌控自己生活的自由並非出自選舉的權力。我強烈贊同這一對自由的追求。我也很認同選舉沒有真正提供選擇的看法，以及認同 Bobbio（1989: 157）後來

1　回想起來，我對以下兩件事感到疑惑：文中提到的那位同志為何一開始允許文章出版——由於職權關係，他理所當然地是雜誌的編輯；以及我的旅行禁令為何較容易地解除了。這一切或許已經安排好了；或許他希望文章內容能夠公開，但又不想和這件事有牽連，才佯裝譴責。

提出的：“如今要判斷一個國家的民主發展，有一問題必須要問：不是‘誰投票’，而是‘在甚麼問題上人們可以投票’。”我看出了這兩種制度的區別，用 Bobbio 的話來說，就是“精英們自己提名自己，和精英們讓人民接受自己”的制度，但是在被精英統治的體制裏，人們沒有權力。這就是我們所認為的。

權力也的確曾在一個國家落入過人民之手，那就是 1970 年我所到過的智利。那裏的人民大聲歌頌“El pueblo unido jumas sera vencido”（團結起來的人民永不敗）。然而，要麼是這個具有誘惑性的概括不成立，要麼是人們沒有團結起來，阿連德總統作為一個意見分歧、爭吵不斷的聯盟候選人以稍微多數當選了。被自詡為中間派的基督教民主黨背後捅了一刀，阿連德很快就失去了對聯盟的控制——這個聯盟中的部分人對社會主義革命的理解是有錯覺的。基辛格聲稱：“阿連德當選得歸咎於智利人民不負責任。”——這就是他對民主的理解——而美國人決定以武力重建責任。1973 年 9 月 11 日，當武力不受控時，表現極為兇殘。

智利的慘敗改變了左翼。直到 1973 年，左翼中的許多人在對規範的目標，和對民主的尊重這兩樣東西的追求上，還是模棱兩可的。順便提一句，我認為阿連德本人是個堅定的民主主義者，他對社會主義道路的願景是漸進式的。只是漸進的步伐多大才會被大眾接受，要在民意調查中才能知道。阿連德做好了他的社會主義改革在選舉中受到挫敗的準備，也從未考慮過拒絕接受敗局、不放權。無論如何，智利悲劇強烈地推出了一個選擇題，使人想起其內戰時期社會民主黨人所面對的：社會主義和民主，哪個優先？對此問題，最清晰的回答來自意大利共產黨內的辯論，答案是民主絕對優先。這一反應可能是由智利悲劇的經驗教訓引發，即推進社會主義計劃過於激進，沒有獲得民眾的足夠支持會導致悲劇。但是，人們很快發現無條件擁抱民主的哲學和規範基礎：即當二者都缺乏的時候，民主是唯一能使人民通過它行使自己權力的機制，是政治自由在世界上唯一可行的形式。

　　這些反思發生在暴行橫行的世界。殘暴的軍政府統治了阿根廷、巴西、智利、希臘和烏拉圭；獨裁政權還殺害葡萄牙和西班牙的人民。共產主義者先下手為強，以引發人民恐懼來維護他們的高壓統治。那時不是對民主進行評判式反思的時機，因為民主是丟失的、不存在的。所以當一羣學者（其中很多人是他們國家的民運人士），為分析以及策劃如何停止暴行而於1979年在華盛頓集會時，我們用"轉型於"的字眼來思考。也就是說，從獨裁主義轉變，但卻未轉向任何事物。民主的內容只是和我們所不喜歡的獨裁相關。因此，我們研究向民主轉型時並未問關於民主的問題。我們並不是第一個這樣做的：Shapiro（1999: 2）評論說："杜威對舊式民主革命的評論也同樣適用於我們：'與實現一個抽象的民主理想相比，他們把目標更多地放在糾正早前政治制度所導致的罪惡上。'"

　　民主不斷的到來，也無可避免地帶來失望。事實上，O'Donnell（1993）給民主之"草"着的色，從綠色一路變為棕色：民主與不平等、不合理、不公正、特殊性執法、謊言和混淆、技術官僚的政策模式，甚至與大量的肆意暴力相互相容。

民主政治下的日常生活並不是一個可以激發出人們敬畏的景象：胸無大志地無休止爭吵，為隱藏真相和誤導人民而精心修辭，權力和金錢之間的可疑關聯，連表面上都不顧及正義的法律，以及強化特權的政策。難怪，在社會經歷了解放、制度轉型和鞏固之後，我們發現仍然有一樣東西需要改進：民主。

新的流行語變成了"民主的品質"。也應該這樣變。如果"民主的品質"是我們所關心的，當我回頭看，我不禁想，這個世界已經變得好多了。只有現在，世人才得以用批判的眼光審視民主。人們現在正用挑剔的眼光審視着民主。更何況，民主是在完全不同的異國條件下出現的，人們對制度設計的底氣也因之有所不足。甚至是，最小研究領域的所有學者們——美國研究學者——冒險進入美國國會以外的世界，只會發現那個世界的制度是多麼地獨特。雖然最初的超越環境局限的努力是非常幼稚的，甚至一些努力——"模仿美國的制度"——愚蠢而傲慢，但很快很明顯的是，民主能以各種形式，不同程度地到來。如果我們要理解民主，我們必須要能夠考慮到智利、波蘭，同時也要考慮美國。

我所害怕的是，對民主的幻滅，來得如同對民主的希望一樣天真。我不怕批判民主會使民主更加脆弱，我深信在當今所有享有民主的國家中，民主都繼續得以存在。儘管如此，對民主的不合理預期滿足了民粹主義者的訴求（見 O'Donnell 1985 年對阿根廷的精彩分析），導致我們無視民主的一些可行性改革。

對民主品質的思考，可以有不同的方式。當然，品質高不是指和美國的相似。美國擁有"世界上最好的政體"——這是所有評級機構得出的結論。比如，根據自由之家的説法，美國公民是自由的。他們自由選舉，在公共場合自由表達意見，自由組織協會和政黨——只是即使在總統選舉中都有近乎一半人不去投票；公開演講不是免費的，而是由私人利益團體贊助的；沒有人組建政黨。美國公民自由嗎？套用羅莎·盧森堡的話：人們是真的自由，還是只有行動的自由？雖然深入這個話題使我們遠離思考的主題，但有一點我想強調：雖然民主是由實證權利組成的體系，但它不會自動生成行使這些權利的必要條件（Holmes 和 Sunstein）。如約翰·斯圖爾特·密爾所説："沒有像樣的工資和普遍的閲讀，掌握民意的政府是不可能出現的。"儘管如此，民主本身並不會保證工資變得像樣，閲讀變得普遍。19 世紀對這一問題的解決辦法是限制那些具備條件的人使用公民權。今天，公民權名義上是普遍的，但許多人並不具備行使它的必要條件。這樣，我們或許看到了一個新的怪物：沒有有效公民權的民主。

　　本書包括兩個方面的途徑。我發現，對代表制度成為我們今天所稱的民主這一歷史演進加以思考是具有啟發性的。我的感覺是我們仍然要依據先輩們的理想來評價今天的民主制度。由於其中一些理想不具內在連貫性或現實可行性，我們因此發現，我們身在其中的民主缺少點甚麼。我堅信我們得將自己從這些束縛中解救出來，但我並未聲稱這是一項開創性的工作。在這裏，我列舉很多我跟隨其後的作者：羅伯特·達爾作為其中的一個，一生中的大部分時間都用來思考這一問題。還有達爾、漢斯·凱爾森、約瑟夫·熊彼得、安東尼·唐斯和諾伯特博比奧，他們也是我的學術嚮導。我寫這本書不是因為我認為他們的答案有問題，而是因為我發現很多問題仍是開放的。

　　像一段歷史一樣，我的描述故意不時地犯時代性的錯誤。受教於後來的經驗，我們今天可以辨析出我們的歷史主人公所不能辨析出的錯誤。這些辨析說出了他們的沉默，闡明他們隱藏的假設，劃定了他們的概念視野。因此，雖然下面聽到的聲音是他們的，分析工具卻是我們的。

　　歷史可以闡釋民主的多樣性和程度，卻不能明白說明民主的限制和可能性。為判斷民主可以以及不可以達到甚麼目標，我們需要分析模型。這樣，我將通過依靠社會選擇理論跟隨不同的腳步。May（1952）在其簡短的數學筆記上介紹的四個原理，在規範研究上是吸引人的，在確認民主的限制及其可行性改進方向的分析非常有用。然而，社會選擇理論只是部分地解釋了民主的一些重要方面：經濟領域的平等、政治參與的效率、公民控制的政府，以及應交由集體決策的問題範圍。因此，我還得依賴其他模型。

　　雖然本書的資料是歷史性和比較性的，研究動機卻是規範性的。當我在研究生期間——很長一段時間以前了—— 每一個政治學系提供一門比較政治課程和一門政治哲學課程，被俗稱為"從柏拉圖到北約"，這兩門課往往由同一人任教。比較政治學是用以思考過去令人尊敬的思想家所提出的重大問題為素材。然而，這兩個主題在過去的四十多年分割開了；事實上，政治思想史幾乎從課程裏消失。但是，思想史是我們終極關心的重大問題的歷史。我們要問，我們從政治制度和事件中學到甚麼才是令人刺激的事情？我認為，我們的確學到了，我們變得聰明，我們看東西經常比我們的學術先輩們更清楚。只是，當我們把我們的見識用來分析重大問題時，這些見識還是沒甚麼用。

在全書中，我將文本分析和歷史敍述與分析模型相結合，不時輔以統計分析。可是，像所有的作家一樣，我又希望我的書能為大眾所閱讀。所以，我儘可能繞過技術性資料。這樣，不可避免的代價是，一些主張看起來似乎是未經深入思考的，但這些主張的源起對專業讀者來說應該是容易理解的。有些問題，尤其是那些關乎因果關係的問題，是真正技術性的。我不相信歷史受甚麼"主要原因"或一些"最終事件"驅動，不管它們是觀念、生產力或者是制度——但這意味着上述要素都是內生性的。如果是這樣，確認原因就有困難，如果不是不可能的話。因此，我只能經常說，觀念、經濟和政治生活的某些方面交織作用在一起，甚至沒有嘗試去探究哪些是因，哪些是果。

因為這是一個自傳性的序言，這裏要感謝的不僅僅是閱讀帶給我的學術啟發，還要感謝互動交流中得到的學術幫助。我有幸受幾個朋友熱情相助，教會我所不知並告誡我所犯之錯。雖然我本科是學習哲學，我思想史的學習則受學識淵博的 Bernard Manin 和 Pasquale Pasquino 指導。Jon Elster、John Ferejohn、Russell Hardin、Stephen Holmes、Jose Maria Maravall、John Roemer、Pacho Sánchez-Cuenca 打開了我的視野，讓我看到前所未見的問題，並經常改變我的觀點。我從與 Luiz Carlos Bresser Pereira 、 Fernando Cortes 、 John Dunn 、
James Fearon 、Krzysztof Ostrowski 、Ian Shapiro 和 Jerzy J.Wiatr.
的對話中學習到很多東西。最後，我對 Neal Beck 指導我統計
學，Jess Benhabib 私下教授我經濟學深表敬意。

我一直很幸運能夠從我的很多學生那裏學習。這裏提到的很
多想法是與 Mike Alvarez 、 Zé Cheibub 、 Carolina Curvale 、 Jen
Gandhi 、 Fernando Limongi 、 Covadonga Meseguer 、 Sebastian
Saiegh 、 James Vreeland 和已故的 Michael Meseguer 合作的
結果。我所知所想的有關立法的大部分內容要感謝 Argelina
Figueiredo 、 Fernando Limongi 和 Sebastian Saieg。我所知的關
於拉丁美洲憲政的很多東西來自 Jose Antonio Aguilar 、 Robert
Barros 、 Roberto Gargarella。我從 Carlos Acuna 和 Julio Safuir
那裏學習到阿根廷政治，從 Hyug-Baeg Im 和 Jeong-Hwa Lee 那
裏學習到有關韓國的知識；從崔之元和何高潮那裏學習到中國政
治；從 Patricio Navia 學習到有關智利的知識；從 Jorge Buendia
學習到有關墨西哥的知識；從 Fernando Limongi 學習到有關巴西
的知識。Tamar Asadurian 、 Anjali Bohlken Thomas 、 Carolina
Curvale 、 Sunny Kuniyathu 參與收集本卷使用的歷史資料。

這些感謝將在下面的章節中得到反映。我還要感謝一些
機構：資助項目的美國國家科學基金會，這本書就是項目的成
果。還要感謝紐約大學，給我許多的機會來研究和寫作。

像我經常說的那樣，我是幸運的。但是我最大的運氣是一
生中的大部分時間——從波蘭、智利、法國到美國一直和她在
一起，這本書就是獻給她的。

第一章　導言

1.1　引言

我們今天生活在其中的代議制，由一個革命性的觀念演進而來，這一觀念撼動了 18 世紀下半葉整個世界。這一觀念就是：人民應該自己管理自己。只有當地位平等的市民能決定管理他們的法律，他們才是自由的。而且，正如許多人所説，自由是政治的終極價值，是"所有的意義所在"。然而，如果我們以自治的理想、平等和自由來評判當代民主，我們會發現民主並非人們夢想的那樣。民主本可以像人們夢想中的那樣嗎？如果可以，我們可以更好地實現這些理想嗎？這些問題促成我構思以下內容。

我們總是將創立者的理想，混同為對真實存在的制度的描述。這一模糊的觀念損害了我們對民主的理解和評價。這在政治上是有害無益的，因為它自然而然地助長了非理性的希望，包括很多不現實的計劃，使我們無視具可行性的改革。因此，我的目的是去神秘化——從民主本源的角度入手，將我們對真正民主的理解從過去錯誤的觀念中解放出來。

　　"民主"在其不停變化的涵義下，經常遭遇四種挑戰，這些挑戰助長了今天廣泛、強烈的不滿。它們是（1）不能夠帶來社會經濟領域的平等；（2）不能夠令人們感到他們的政治參與是有效的；（3）不能夠確保政府做他們應該做的、不做他們未被授權做的；（4）不能夠平衡秩序與不干涉之間的關係。同時，民主又不停地燃點我們的希望。我們不停地被承諾引誘着，渴望把賭注押在選舉之上。一場品質平平的觀眾性運動仍然令人感到刺激和着迷。並且，它還被珍視，被捍衛，被慶祝。的確，那些對民主的功能更多是不滿意的人，不太可能認為民主在任何情況下都是最好的制度。儘管如此，更多的人則是希望民主制度可以得到改進：其中所有具價值的制度都被保留，不好的功能都被消除。這個希望是否合理還有待審查。

　　這樣，民主最大的問題是，它的哪些"無效性"並非必然，而只在特定條件和制度安排中才出現，因此是可以補救的；哪些是結構性的，內在於任何代議制當中。我最為關心的是限度：民主可以多大程度上促進經濟和社會平等？它令各類活動參與達到何種有效程度？它能在多大程度上使政府能夠以市民福祉為依歸行動，以及讓市民控制政府？它能多麼有效地保護每個人既不受他人也不受政府的侵害？我們應該從民主中期望些甚麼？哪些夢想是現實的，哪些又是不切實際的？

　　很明顯，民主以各種形式出現，各種形式民主的"無效性"也有程度之分。為評定民主有多少種形式，我關注了近代世界上存在過的所有民主。讀民主史時，人們很快發現這些歷史主要集中於少數幾個國家的經驗當中：古希臘、英國、美國和法國。的確，一本關於民主的美國讀物這樣勾勒民主的傳承歷史：由希臘開始，經過英國，在美國——"新雅典"達到其頂峰。這樣的描述不僅是民族中心主義的，簡直就是不準確的。歐洲人同樣視主宰了他們歷史的兩個背道而馳的經驗——由英國發展來的君主立憲制和由法國大革命引進的共和制為通向民主的最早路徑，而忽視了這樣一個尷尬的事實：拉丁美洲代議制的試驗先於歐洲大部分國家。因此，如果我們要理解民主是甚麼，是如何發揮作用的，都做些甚麼，我們需要進行更全面的觀察。正如 Markoff（1999: 661）所説，"不是每一樣東西都首先在大國發生。"

　　我在全世界尋找的"民主傳統"（Sen 2003）的結果幾乎乏善可陳。雖然人們很容易在古代印度[1]、中世紀冰島或者殖民前的南非發現民主的因素，但是要説這些地方的現代政治，歸功於它們的政治傳統，則甚為牽強。事實上，現代希臘民主與古代希臘民主是沒有關聯的。英國君主立憲制對現代希臘政治史的影響比雅典更大。我認為發現民主本土根源背後的政治動機，是使民主看上去少些"西方創造物"的樣子。特別是由於"民主"一詞，被美帝國主義者在遠征中，當作工具使用而受到玷污，真實可靠的本土性，可以為民主帶來新的活力。儘管如此，代議制是宗主國家的出口品，或者説至多是在 20 世紀不同階段獨立的大多數國家的舶來品：即使是那些政治制度

1　在 1946-1949 年印度立憲大會期間，有人援引 1000 年之久的碑文，"提到一場用樹葉做選票，用罐子做投票箱的選舉"（Guha 2008: 121）。

萌生未受外國支配的國家，代議制亦是以當時世界上存在的政治制度為藍本設計的。制度選擇的所有組成部分是世界遺產，不是地方傳統。雖然創新的確也發生，但是對任何一個國家而言，選擇在很大程度上局限在周圍地區。雖然一些人認為印度的 1950 年憲法是基於其鄉村自治委員會的制度傳統之上，但這一制度最終"更多向歐美看齊，而非印度先例"（Guha 2007: 119）。雖然如此，後來者的民主經驗並不遜色，亦因此是個豐富的資料來源。我的第二個目的是通過將視線擴大到整個世界，把民主史的研究從種族主義偏見中解放出來。

然而，即使是考察完民主在世界上的所有形式，也無法歸納出民主的限度，即使我們所觀察到的最優秀的民主，也許與完美的民主也相去甚遠。為確認民主的限度，我們需要幾個分析模型。

1.2　民主與"民主"

當最早的代議機構被建立時，他們並不是我們今天所見的民主，也不是他們的創建者們認為的樣子（Dunn 2005; Hansen 2005; Manin 1997; Rosanvallon 1995）。如 Dunn 所說，這一事實提出了兩個必須區別對待的問題：（1）這是如何發生的？即，政治機構演進成為週期性選舉競爭政治安排，並且按照競爭結果執掌機構；（2）我們是如何逐漸稱這種制度安排為"民主"的？而且，我們沒有理由假設實際的制度和我們給的名稱同步演進：詞語和現實有各自不同的歷史。

先考慮一下第二個問題，因為這個問題易於回答且較為次要。故事很令人困惑。"民主"一詞於公元前 5 世紀在歐洲東南部的一個小市鎮出現時，名聲並不好，在羅馬已經不再使用。根據《牛津英語辭典》，民主一詞在英語中最早出現是 1531 年。1641 年的羅德島憲法第一個指稱"民主的或大眾的政府"。在歐洲，直到 17 世紀 80 年代民主一詞才第一次出現在公共話語裏，值得關注的是，"貴族"一詞於此同時作為它的反義詞被廣泛使用（Hanson 1989: 72；Palmer 1959: 15；Rosanvallon 1995: 144）；"民主人士"是那些想讓每個人都享有與貴族一樣權利的人。"民主"那時作為政府制度仍然幾乎一律按其古代的意思被使用。1771 年第一版《不列顛百科全書》中這樣解釋："民主，意即民眾的政府，其最高權力掌握在人民手中。*比如羅馬和古代雅典……*"（引自 Hansen 2005: 31，斜體字是加上去的。）由於民主一詞仍然包含負面意義，因此在美國和法國，新建立的制度體系被稱為"代議制政府"或者"共和制"[2]，從而與民主區分開來。麥迪森在《聯邦黨人》第 14 號裏抱怨道："由於名稱上的混淆，故此十分容易將只能在民主制度中觀察得到的現象，張冠李戴到共和制度之中。"。對民主政體的古希臘出現正面看法是在 19 世紀上半葉（Hanson 2005）。第一次世界大戰之後，"好政府即為民主政體"的看法才成為規範。當時在威爾遜的鼓動下，"民主以一種從未有過

2　在拉美，第一個用"代表制民主"一詞代替的"共和制"的思想家或許是秘魯的憲政主義者 Manuel Lorenzo de Vidaurre，他在 1827 年這麼使用（見 Auguilar, 2009）。

的方式成為一個常用辭彙。我們試研究一下當時的出版界，在威爾遜的努力下，不但在美國，而且在其他盟友國，都出現一種趨勢，民主以令人尊敬的方式被加以使用。"（Graubard 2003: 665）。據 Manela（2007: 39 及其後），威爾遜接受了列寧的"自決"一詞，但為了抵消其政治衝擊，他將該詞與"被統治者的同意"結合起來。因此，他在使用這個詞時，採用"更廣泛而又含糊的意義，且通常將這詞等同於人民主權，令人驚訝地創造出一個建立在民主政府基礎上的國際秩序"。"民主"最後成為所有政府都索要的標籤。甚至"朝鮮民主主義人民共和國"都自比為美國最接近民主的羅德島州。我只能重複 Dun（2003: 5）對此的震驚："我想強調的是，不止是合法性在世界上有唯一標準這一想法是難以置信的，更奇怪的是我們所選擇的標準：以民主之名規定政治運作方式的行動應該在所有地方進行，除了在一些最壞的條件下外。"

當人們提及一些話語時，聽者一定會問是誰説的。那麼"誰是民主主義者"？麥迪森是嗎？Robespierre、Bolívar 是嗎？這個問題本身沒甚麼意思，因為任何答案都會立刻碰到民主定義的麻煩。如果 Dahl（2002）認為麥迪森在 80 歲的時候比在 36 歲的時候更是一個民主主義者，那是因為 Dahl 對民主有特定的定義。還有其他人，比如 Wills（1981）認為，麥迪森老年在賓夕法尼亞時更是一個民主主義者。Gargarella（2005）認為麥迪森一生中從未是個民主主義者。但這不是關於麥迪森的討論，而是關於"民主主義者"的定義。

1955 年第 15 版的《不列顛百科全書》定義民主為："人民

自治基礎上一種政府形式，在現代則是基於自由選舉的代議制和對人民負責的首長制，是一種基於如下根本假設的生活方式：所有人及其生活權的平等，自由（包括思想和表達的自由）以及追求幸福的權利”。這一定義或許滿足了當代人的情感：如今民主主義者是指那些珍惜三權分立、人人平等、人人自由的人。但是“民主”一詞是我們的，而不是那些其觀點和言行需要我們檢視的反對者的。他們自視為君主主義者、共和主義者、山嶽主義者、吉倫特主義者，聯邦主義者和反聯邦主義者，保守主義者和自由主義者，但不是民主主義者和反民主義者。

　　民主不是由“民主主義者”構成的。希臘這一負面例子令民主成為被禁用的標籤：用麥迪森在《聯邦黨人》第55號中的話說，“即使每個雅典市民都是蘇格拉底，雅典大會仍將是暴民之會。”對很多人來說，不止是在美國，而且在歐洲和拉丁美洲，法國革命堅定了人們的這些恐懼：“民主主義者”是“雅各賓派”，他們的人民權利不受限制的想法，對個人自由是致命的。一個人的專制和多數人的暴政是相似的。許多現代代議制的創立者，甚至是那些反抗英國的，認為世界上最好的制度，最應該效法的是英國的制度。他們從舊世界裏獲取的不是民主，而是混合體制的想法。該體制使民眾的影響被調和及平衡。這種調和及平衡不再是由君主和貴族導致，而是代議制結構使然。“民主”最多只是這個體制的一部分，也就是說，帶有民主和大眾元素的體制可以改善、過濾和制約人民的野蠻意志。

　　也許，更有意義的是問誰不是民主主義者。這些人一定包括那些認為法律是上帝或大自然給予的人，他們認為法律不能也不應該由人制定。但是我們如何使"一個政府一旦被選定，甚至經選舉產生，所有人都必須無條件遵從它"的觀點被接受呢？"民主"的三個現代元素並無內在邏輯關係。如 Hansen（2005: 17）所說，"在古雅典以及我們的時代，自由、平等和民主被看得同樣重要。但是在 Diderot 的《百科全書》中，Montesquieu 和 Jaucourt 關於民主的文章及其他資料來源裏，民主是和平等相關聯的，而不是和自由。甚至相反的是，民主被看做是自由的威脅。"政黨、協會和聯會——現代民主裏仲介機構的精華——被認為分裂了國家整體利益，因而是不友善的。不僅對麥迪森的制憲會議和法國的一些革命而言，而且對拉美的保守派而言，人民的角色都只是選舉政府，而非參與管理。

　　如果問題只是關乎標籤，我們只要忽略我們的反對者怎麼看待他們自己就可以了。我們可以判定"民主主義者"是那些接受我們今天所稱的"民主制"為自己的制度的人。我們可以斷言，由於對古希臘的民主的負面看法，多數早期的民主主義者不想承認他們是民主派，但事實上，用我們現代標準來看，他們的確是民主派。的確，我們現在知道他們關於希臘民主的觀點是蒙昧和錯誤的。如果這些人熟悉 Perikles 對古希臘民主的描述——"它有民主的名字因為政府不在少數人手裏，而是被大多數人掌握。私下爭論時，人人在法律面前都是平等的……自由是我們公共生活的特點"（引自 Hansen 2005: 1）——

他們一定會認為希臘的民主幾乎和《大英百科全書》定義一樣了。

　　我們接下來跟進民主的發展脈絡，從關於民主的理念追溯到它的歷史起源，但是，我們仍然會在追溯過程中遇到困難。我們可能都同意民主包含着自治、平等和自由的內容，但這一看法被當作標準去分析某個具體的人、思想體系或者制度時，很快就瓦解了。當 Dahl（1971）指出，在現實世界中我們只有競爭性的獨裁政治和多頭政治時，他在訴諸不為當代民主主義者普遍認同的規範性理念。就比如，熊彼得（1942）認為所有的民主制要成就的是競爭性的獨裁體制。當一些人認為，對多數決定原則有任何限制的規定，比如司法覆核，是反民主的，另外一些人則把這些限制看作是民主必須的成分。我們今天面臨着民主創立者們曾面對過的張力和許多同樣的分歧。在達成甚麼是好制度的共識問題上，我們不比他們更接近答案。比如，是根據甚麼標準認為美國不是一個"民主政體"而只是"多頭政治"？是根據希臘的、盧梭的還是雅各賓派的標準？比如，Gargarella（2005）認為，19 世紀時美國真正的民主主義者都是激進人士，他們信仰不受約束的多數決原則，這一原則由普選產生的國家一院制立法機構執行。根據這一準則，包括麥迪森在內的自由派，因想通過兩院制和行政否決來弱化立法機構，就不能算是民主派。即使在我們的時代裏，平等、自治和自由三者也不是輕易就能共融的：如同正義一樣，參與自治既是社會的基本要求，本身也是目的，雅各賓的"壓制耐受性"破壞了個人自由，就像專制（儘管是可容忍的）破壞了積極自

由，使其臣民的尊嚴受辱。"所以，"在個人自由和民主原則之間沒有必然的聯繫。"（Berlin 2002: 49-50）

　　回顧過去的標準不起甚麼作用，因為沒人在 200 年前可以想像出民主未來會變成甚麼樣子。無論代議制創建者的目的是甚麼，他們創造的制度系統並未涉及到他們是如何計劃的。這不僅是因為從長遠看，社會和經濟轉型使得最初的想法不可操作——Wills（1981）在這點上對麥迪森的辯護很無力——同時也是因為締造者們未準確預期他們的設計的後果。1788 年麥迪森曾詆毀過政黨，但僅僅三年之後，他就發現自己錯了並創建了一個政黨；在阻止人民參與管理後，他發現人民是控制政府的最後手段；在接受了擁有財產的人才有選舉權後，他發現這樣的限制既不公平又無效；在向自己和他人保證憲法會保障財產安全後，他不得不承認如果人民在政府中有決定權，財產就經常處於危險當中。麥迪森算是受過教育的人中最聰明的。美國的"創建者們"一邊在做真正新的事情，一邊不斷地歎息他們只有遙遠的經驗可以借鑒。他們不可能、也沒有預料到他們的藍圖能催發甚麼。的確，他們知道自己也會犯錯，這是為何他們允許修改憲法（Schwartzberg 2009）。很明顯，如果面對當代民主的現實情況，他們可能會說，他們真是從未想到民主會變成這個樣子。

　　二百多年前，幾乎沒人認定自己是民主主義者，那些認定自己是的，也未必是那些行動對我們今天生活的世界有影響的人。相反地，即使我們知道如何解讀歷史主角的思想，當他們被問到對當代民主制的看法時，他們很可能會感到非常困惑。

雖然這個問題很難解決，但我還是找到一個辦法：我們可以忽略他們的自我界定，也不需要使用我們當代的判斷標準。我們可以問甚麼樣的理想形成了代議制，並引導它演化成為我們今天所見的民主。正是這理想激勵了歷史主角在過去 200 多年間的行動，把我們從代議制帶向"民主"。

　　如我所理解，這一理想是人民自我管理。即使語源學上，它也只有"民主"的意思——demokratia = demos（人民）+ kraiten（管理）——要記得這一理想不是從古希臘引進這點很重要。[3] 它逐步演化成一個新穎的結構，把自由看作是最高的政治價值，還聲稱這一價值可以實現，只要人們是根據自己制定的法律進行管理，且法律面前人人平等。按照 Kant（1881 [1793]: 35）給出的方案，"公民憲法"是建立在："1. 社會每個成員作為人的自由；2. 社會每個成員作為臣民之間的平等；3. 英聯邦每個成員作為公民的自立〔自決〕。"人民是唯一的權力，人民應當自我管理；所有的人應當被平等對待。他們的生活不應受到來自他人的不當干涉，包括來自政府的。這一理想是他們的，也是我們的。如 Skinner（1973: 299）在差不多兩個世紀後所堅持的那樣，民主除了是人民管理的制度外，甚麼都不是。

3　根據 Hansen（2005），美國和法國的創建者是受雅典人啟發是 Hannah Arendt 在《關於革命》一書裏捏造的。

1.3 理想、行動和利益

很明顯，一些觀念必須先於制度。政治制度總是精心創造出來的，最高級的創造就是憲法。因此，制度總是將觀念具體化。儘管如此，黑格爾認為，觀念對歷史而言太過凌亂，以至於單一的觀念無法驅動它。我們必須避免的一個危險想法是，歷史上一些大人物的行為是照着現成的、邏輯連貫的藍圖做的。的確，在讀 Sieyes、麥迪森，或者 Bolívar 時，人們會發現大量的關於這些"偉大的思想家"的參考書，無論洛克、孟德斯鳩、休謨，還是盧梭亦是如此。而且，許多口號 200 年前就聽到了，今天的思想家仍然附和。這是否意味着代議制的創立者曾嘗試執行哲學制度？人們可試想是另外的原因導致這一因果關係：歷史上的大人物想做其他的事情，但卻利用哲學家使他們的立場被人接受。[4] 像 Palmer（1964）說康德那樣，哲學家的著作或許只是"思想的革命"[5]，而非實踐的革命。如果大人物們看起來思想上有些混亂，行動上也不連貫，難道不是因為他們不理解哲學家在想些甚麼？如法國傑出的歷史學家盧梭（Derathe 1964: 48 斜體字是加上去的）說，"《*社會契約論*》的

---

[4] 有件不可思議的事。前不久，我收到以前學生的一封來信，學生為一個歐洲國家的首相工作。這位首相決定提出允許離婚、墮胎、同性戀結婚和安樂死的政策。於是學生來信問我哪些哲學家的思想可以用來使政策具有正當性。

[5] 這是他關於德國研究的一個章節的標題。Palmer（1964: 447）認為，"所有對康德的批評在於，儘管他對當前事件的知識絲毫不令人懷疑，但其哲學一方面在自由的理念和政治行動留下了難以逾越的鴻溝，另一方面在實證知識領域和個人實際想法之間留下了難以超越的鴻溝。"

所有爭論——*這是全書最難理解的部分*——試圖説明公民通過臣服於集體意志來保持自由"？或者是因為盧梭就是無法言之有理？Palmer（1959: 223）指出約翰·亞當斯早在 1765 年讀過《社會契約論》後，立即在他的圖書館裏放了 4 本。但是，Palmer 接着説，"我懷疑，他像其他人一樣發現書裏很多詞語是難以理解或者瘋狂的，但有些則很精彩地表達出他的個人信仰。"

即使是觀念先行於制度，人們也不應該從思想史中讀行為史。非常清楚的是，代議制的創建者們常常在黑暗中摸索，從遙遠的經驗中尋找靈感，創造一些複雜的論點，將個人野心隱藏在抽象理念中，有時僅僅是受激情的驅動。他們經常意見不同，因此從他們要建立的制度裏可以看出他們的妥協。他們不斷地對自己的創造感到驚奇，很快地又改變他們的主意，經常太遲修正他們的錯誤。

要理解觀念和行動之間的關係，就要問一問我們可以觀察到甚麼，觀察不到甚麼。我們觀察到一些歷史人物説了甚麼，做了甚麼，但我們無法觀察到他們想要甚麼和想甚麼。他們經常説法矛盾，或者他們説一套，做一套，或者至少他們大聲説他們不會做的事，小聲説他們會做的事。想想 1789 年《人權和公民權宣言》的前兩句：第一句大聲宣稱人人平等，第二句小聲説要不平等地對待他們。

只要言行分裂，我們就可以懷疑利益使然。的確，有疑心的社會科學家堅信行動比聲明更能説明動機。當利益衝突時，言論並不可信。以一個告訴我們應該共用一些目標的政治家為例：我們知道他說的目標是他自己的，而不是我們的。

引言是為了識別論點中的核心難題。我認為主要有兩個：

1. 一些理念雖然表面上正當化了代議制的建立和演化為民主制的過程，但它們在邏輯上並不連貫，在實踐中也不可行。

2. 創立者的行動可以被看作是令他們的利益合理化的過程；尤其他們建立的制度保護了他們的特權。

然而，我們不知道，他們可以通過言論合理化他們的利益。經常懷疑動機的 Morgan（1988: 49-50），就認為：「代表們為了讓自己擁有權力而創造了人民的權力的看法也許並不為過。」我當然不相信，用 Gramsci（1971）的話說，那些建立了代議制的人故意合謀，將他們的利益作為全球擴張的動力。的確，有很多理由可以認為他們深信自己所說的。而且，制度所指向的這些人擁有和他們的先輩共同的理想，並且用這些理想來正當化他們的鬥爭。工人階級的領導用平等和自治來正當化社會主義：Jean Jaures（1971: 71）認為，「社會主義的勝利不是與法國大革命的斷裂，而是在新的經濟條件下完成了法國大革命。」，而 Eduard Bernstein（1961）將社會主義僅僅看成「民主達到其邏輯結論」。Olympe de Gouges（aka Marie Gouze）在 1781 年的寫了《婦女與女性公民權利宣言》，到 1789 年只是將性別改變，成為《男性權利宣言》，宣言使用了同樣適用於女性的原則。民族獨立運動的領袖們被殖民者的價值所吸引：胡志明寫的《越南民主共和國獨立宣言》，一開頭就援引美國獨立宣言和法國的權利宣言。他大聲疾呼：「現在是時候兌現民主的諾言。」

　　難題是不易解決的。我們知道，代議制政府的創立者們談論自治、人人平等、人人自由，但是卻建立了將大部分人排除在外，不受人民意志影響的維持現狀的制度。我們知道——接下來有充分的證據顯示，他們害怕那些他們排除在外的人，並且想讓他們創立的制度去保護他們財產。這或許足夠得出他們為自己的利益而行動的結論。然而，我們也知道這些理想——又是平等、自由和自治——在過去二百多年裏引導了很多人的政治生活。也許，解決這難題的似乎最合理的方式是 Gramsci（1971: 161, 182）給出的概念"霸權意識形態"：

> 某一特定團體的發展和擴張被看作是全世界擴張的原動力，代表"國家"所有活力的增長。換言之，統治團體與從屬團體的總體利益總是保持一致，國家的生命被當作是統治團體與從屬團體之間利益的形成與取代的不穩定平衡。（在司法框架層面）——是統治團體利益佔上風達致的平衡，但是只是到某一程度，比如，社會不再缺乏統一的整體經濟利益。

　　雖然 Morgan 從未引述過 Gramsci，我也懷疑自己是否曾經讀過他的書，但 Morgan（1988: 13-4）在其一篇傑作裏以 Gramsci 的方式解釋自治在英國和美國的起源，並諷刺地將文章命名為"創造人民"。他說，"政府需要人們相信……相信國王是神聖的，相信國王從不會做錯事，或者相信人民的聲音是上帝的聲音。"儘管如此，一種意識形態要貌似合理，在現實生活中必需要有對應物才行："為使虛構的文學作品被人相信，⋯⋯它必須與現實有相似性。"很多時候，我們根據事實調整虛構，但是也有時候，我們必須根據虛構調整事實。虛構可以導致事實："由於虛構是必須的，由於我們離開虛構無法生存，我們經常努力地防止虛構成為泡影，而不停地讓事實去迎合虛構，讓我們的世界更接近我們希望的樣子⋯⋯虛構擔任指揮重塑現實。"這意味着，把 Morgan 的話說完："在政治的'使相信'與現實的奇怪混合中，少數的統治者發現他們和被統治的多數人一樣被限制了，甚至可以說被改造了——被他們權力所依賴的虛構所改造。"

如果我們被要求相信民主實現這三位一體的理想——平等、基於的自治且支持了自由，某些現實必須支持這一信念。而且，如果這就是我們所認為的，那麼我們必須研究清楚甚麼事實使得理想變得可信，甚麼理想引發事實。

1.4　平等、參與、代表和自由

在自治的最初理想裏，根據盧梭影響廣泛的闡述，以及康德影響很小的闡述，人民是自由的，因為當人民集體統治時，每個人只服從自己。從這個觀點來看，這一理想陷入邏輯、實證和政治困境。要想它在邏輯上是連貫的，那麼每個人都要認可他們願意生活於其中的法律秩序。單數形式的人民管理自己的原則，並不能輕易轉換成一種制度體系，其中多數的人將管理他們自己。民主是否由一些人想甚麼時候統治就甚麼時候統治的代議制來實行，成為具爭議的議題。當社會、經濟和政治分裂的現實變得明顯時，所有人可以同時被任何人代表的觀念，不再為人所接受了。由週期性選舉產生的政客團隊來管理成為次優選擇。人民選舉產生政府的集體權力令"人民的意志是統治的最終裁決者"這一信念有了足夠的似是而非的合理性。如 Dunn（1999）所言，沒有人喜歡被統治，但是如果統治是必須的，我們至少可以週期性地把流氓掉出去，以表達我們的厭惡。

　　假設在一個龐大的社會裏不是每個人都可以統治，甚至連很短一段時間都不可以，這樣我們中的大部分人一生中都在被他人統治；同時假設人們有各種各樣的價值觀、激情和興趣，對僅次於只服從自己的制度來說，次優的制度是那種能最好地反映每個人的偏好，並且使我們許多人盡可能享受自由的集體決策制度。這是次優的，因為它受到以下情況的限制：如果偏好差異很大，那麼有些人至少有些時候不得不生活在他們不喜歡的法律之下。相應地，一個最能反映個體偏好，並且能使我們大多數人最大程度地獲得自由的集體決策體系，必須滿足四個條件：每個參與者必須能對集體決策實施平等的影響力；每個參與者必須能對集體決策具有效的影響力；集體決策必須由經挑選的人去執行；法律秩序必須能保障合作不受不當干預。

　　要確認民主作用的限度，我們必須研究這些條件是否能在任何一制度體系下單一地或者全部地得到滿足。

　　以下是中心論點的概述。即使代議制的建立者談及平等，他們指的都是另外一樣事物，最好視為匿名化，在政治上忽視社會差異。儘管有人人平等的崇高宣言，但他們頭腦裏的平等是規範的政治平等，是能夠影響集體決策結果和被法律平等對待的程式性平等的機會。這種平等不是社會或經濟平等。然而，實際上政治平等被經濟不平等破壞了。相應地，有效力的政治平等對財產是個威脅。這種緊張關係是民主裏天生的，開始至今一直存在。讓我們感到困惑的是，為何民主沒有催生更多的經濟平等。在某些觀點看來，是因為窮人由於種種原因不關心平等。還有解釋認為，或者是因為代議制由富人把持，富人的政治影響力遠遠大過窮人的，這阻止了代議制採取平等主義的政策；或者是因為代議制中絕大多數特徵都傾向維持現狀，而不論誰把持它。儘管如此，對實現公平而言，也許有排他性的經濟或者技術障礙。實現生產性資產公平化在現代社會很難做到，因為土地不再是最重要的收入來源。即使賺錢的能力平等化了，在市場經濟領域不平等又會再出現。很可能平等不止是可行的經濟平衡。我們不應期望民主能達成尚無任何政治制度可以做到的事。很明顯，這並不意味在許多存在着惡名昭彰和令人無法容忍的不平等的民主裏，不平等不可以被減少。而且，因為經濟不平等背信棄義地滲透到政治領域裏，只有當金錢接近政治的情況受到制度或者窮人的政治組織的制約的時候，平等才是可行的。

對人民非理性意願的廣泛不信任，導致對政治權利的限制，和對人民非理性意願的制度約束。接下來的問題是，在自治政府通過選舉進行運作的代議制裏，政治參與是否能夠更有效。即使競選人提出了他們明晰的政策建議，選民面臨的選擇只是那些由某個人提出的而已。因此，不是所有可以想見的可能性都能成為選項，而且由於政黨在競選的壓力下，不得不提出近似的政治綱領，在選舉中提供選擇實際上很少。再者，即使選民的確有一個自己的意向，但沒人可以憑自己讓這個意向被挑選上。儘管如此，即使當個體選民投票時並不理解選項，即使他們的選票對結果沒有甚麼實際影響，但從這一過程中產生的集體決策反映了個人偏好分佈。因此許多人反對以這種方式產生集體決策的現象令人困惑。他們好像珍視作為一個與集體決策結果無關的主動選擇者。這種反應可能源於對選舉機器的錯誤理解，但是這種現象不亞於剝奪政治參與。對有效政治參與的懷念和悵惘持續困擾着現代民主。然而，除了一致同意的原則外，沒有其他集體決策制定的原則可以影響個人參與。集體的自治政府之達成，不是每個選民對最終結果有實際影響，而是集體選擇是個體意願之結合。

我們的制度是代表性的，市民們不直接管理。他們被其他人管理，或許被另外一些其他人輪流管理，但仍然是其他人。要判斷當我們被別人管理的時候我們是否是實現了集體的自我管治，我們需要考慮兩種關係：一種是政府不同部門間的，一種是市民與政府的關係。政府間的關係在邏輯上先於它和市民之間的關係，因為市民對政府的要求和期待取決於政府能夠或不能夠做甚麼，而他們能夠做甚麼則取決於他們的組織方式。被分權的政府可能無法回應大多數人在選舉中表達的意願，尤其是無法回應希望改變的要求。各種絕大多數或者徹底的反對絕大多數的制度安排，表面上保護所謂的少數人。儘管現在使用"少數"一詞來代表因各種原因生活在社會底層的人是政治正確的——但是的確，我們甚至使用這一標籤指為數不少的女性——我們忘了一開始設計要保護的少數人，以及制度安排一直保護的少數人，其實是有產者。而且，即使政府可以做任何他們在選舉中被授權做的事情，一些代理費用是不可避免的。市民們必須讓政府在管理中擁有一些活動範圍。選舉只是週期性地將議題集中起來。自治政府不是通過一系列的備忘錄運作，而是通過週期性、有廣泛以及通常含糊的要求的選舉進行運作。這樣，激進的少數派經常抗議政府的決定——但是比較人與人之間的態度強度並不可行，所以我們能做的仍是數人頭。

最後，"當一個民族可以自我管理時，這個民族是自由的"這一推論難以自圓其說。雖然自由的概念是，且將繼續服務於闡釋哲學體系，但對歷史人物來說，自由意味着政府應當能夠在保證秩序的同時，不粗暴或不必要地侵犯個人的自由，以使個體間進行合作。但是平衡秩序與不干涉的關係是困難的，尤其是面對不同的威脅時。這種平衡是連續的不穩定平衡，沒有一種制度設計可以一勞永逸地解決這個問題。

因此，民主在保證可能的經濟平等、有效參與、完美的代理人和自由等方面面臨着限制。但是，我相信沒有政治體制可以做得更好。在現代社會，沒有政治體制可以產生和維持許多人希望普及的那種社會經濟平等。沒有政治體制可以令所有人的政治參與在個人層面是有效的。沒有政治體制可以令政府成為市民完美的代理人。雖然秩序和不干預在現代民主裏不容易和諧是事實，沒有其他政治體制可以達至更和諧。無論何種形式的政治，在形塑和改變社會生活方面有其局限性。這就是生活的實相。

我相信了解這些局限是很重要的，這樣才不會批評民主達不到任何一種政治安排都不可能達到的東西。但是，這不是認為我們就可以因此自滿。認識到限制是為了讓我們為克服這些局限而努力，也說明可行性改革的方向在哪裏。雖然我遠不能確定是否已正確地指出了民主的局限，雖然我意識到許多改革因威脅到特定的利益而未能實行，但是我堅信，了解民主的局限和改革的可能性對政治行動將是很有用的指導。因為，民主最終只是一個框架，某種程度上平等、某種程度上有效率以及某種程度上自由的人民，可以在這個框架裏根據他們不同的觀點、價值觀和利益，通過和平的方式來改變世界。

第二章 人民的自治

2.1 自治政府的理想

"人民自我管理"的理想證實了現代代議制的正當性。如盧梭（1964 [1762]: 182）指出的，要解決的問題是"找到一個聯合的形式，保護和捍衛所有團結起來的人的人身和財產安全。這種形式雖然將人團結起來，但是在此形式下人們只需服從自己，還像未團結前一樣自由。"人民自我管理的政府就是這一問題的解決方案。反過來說，人民自我管理政府（也可以被理解為"自治"）的吸引力就在於它是提升自由的最好制度：當我們只被我們認可的法律約束時，我們是自由的。如 Dunn（1993: 5）所說，自治概念是"民主的力量和吸引力。"另一位當代理論家寫到："民主的目標是平等地賦予所有市民權利，這與獨裁制度形成了鮮明的對比。雖然僅以"自治"來解釋民主並不充分，但這個目標確實以最規範、實證的方式展現了民主的特點。（Lakoff 1996: 155）

如前文所解釋，這一概念既無邏輯上的連貫性，也不具實踐上的可行性。當集體被統治時，集體中的每個人除了自己以外，對誰都不服從。而個人擁有自由選擇的權利，並不是衡量真正民主的合理標準。但如果自治政府最初的理想都無法實現，那麼它還能有甚麼樣的可能性呢？

以下是我對這一問題的簡要答案。自治政府可行的邏輯前提是所有個體都認可、並願意在某一法律秩序下生活。但由於不同個體普遍存在價值觀、利益以及道德偏差，因此個體對法律擁有同一性的設想只能被輕易推翻。儘管如此，我認為一個有關自治政府的弱概念在邏輯上是連貫的：當代表集體實施的決策反映了其成員偏好的時候，這個集體就實現了自我統治。這樣的認識雖然一點兒也不新，但很重要，因為它說明自治政府是可行的：最好的自治政府是有局限性的，即一些人不得不生活在他們不喜歡的法律之下，因為這些法律是其他人的偏好。

來看看其他國家學者的論點。約翰・密爾（1989 [1762]: 7-8）可能是第一個提出所有人不可能同時實行統治的學者，這一觀點被 Kelsen（1988 [1762]）進一步縱深發展。進一步來看，由於異質性的存在，誰來實施統治對所有人都很重要。對此，古典希臘的解決方法是人人輪流管理和服從。輪流的做法看起來公平，但放在大型社會中這顯然是行不通的，許多民眾可能永遠也輪不上。一個可行的機制是能讓那些永遠也無法實施管理的人可以挑選他們的統治者；如果他們願意，人們還可以在不同的時候挑選不同的統治者。我們今天所知的民主就是這麼一種機制。

那些學者在創立代議制政府學說的時候，根本無法想像民主會經歷怎樣的演變。為證明此，這一章將從概念史開始。本章第一部分是自治的最初概念的解析。第二部分的重點在於理解民主作為處理衝突的機制，其自身固有的問題。第三部分將通過回顧雅典民主，簡要地闡明現代自治概念的另一選項。在這種歷史背景下，我將討論在擁有異質性偏好的大型社會裏自治政府出現的條件。

2.2 "人民的自治"

人民自治理想的出現經歷了循序漸進的過程。以下簡要介紹該過程演變的歷史梗概。

人民，那時也被稱為"人"，在自然狀況下無法脫離社會生存。某些思想家們找到了不同的原因說明自然狀態的不可行性或消極面：人們會通過人身攻擊蓄意搶奪他人財產，或者放棄合作的好處。自然狀態是無秩序的狀態，人們可以在其他狀態下生活得更好。一個人不可能獨立於其他人而完全脫離社會生存，這不是一個適合生存的世界。雖然"像以前一樣"（q'aupauravant）一詞不斷地出現在盧梭對自然狀態和社會的比較中，這是一個反事實的說法，只能當作是規範的參照點。

由於這種自然狀態的自由是不可行的，讓我們自由的唯一方式是生活在法律之下："只有國家的力量可以讓其成員自由"（Dearthe 1964:48）。唯一的問題是人們是否可以在社會裏得到自由：存在一種讓每個人身在其中都自由的秩序嗎？

秩序需要強制：人們被禁止做一些他們想做的事情，

被迫做一些他們不願做的事情。執法的可以是個人，那麼他就成了秩序的守衛人。然而這個辦法遇到的問題（Hobbes 提出）是誰能阻止最高統治者濫用權力。如 Dunn（1999）所説，Hobbesian 式的解決辦法只是將"水準"的危險變成"垂直"的危險。

另一個辦法是將權力交給那些權力要施加的對象：人民們自己。

但是，"人們自己管理自己"意味着甚麼呢？[1]一般情況下，"人民"總是以單數形式出現在這一短語中。（如法語 *le peuple*，西班牙語 *el pueblo*，德語 *das Volk*，希伯來語 *lud* 等等）"我們，人民"是個單一實體。這一單數形式的人民是可以制定法律唯一的權威，人民亦是這一法律的服從者。如 Montesquieu（1995: 104）所説，"人民是唯一可以制定法律的權威，這是民主最基礎法律。"在給 D'Alambert 的信中，盧梭說民主是一種狀態，"在這狀態下，服從者和當權者在不同的關係中只是同樣的人"（Derathe 1964: 47）。很明顯，不是所有命令都構成法律，要夠格成為法律，命令必須滿足一定的、如 Fuller（1964）提出的實質標準。並且，統治使命令成為必須，而不是法律；命令並不受限於立法。可是，如果只有人民可以制定法律，人民總是受制於自己制定的法律。而由於約束人民的法律是人民自己制定的，所以人民是自由的。最終，經過一

1　在有關反身代詞的語言學分析命題中，在"我【動詞】自己"的短語中，與政治相關的動詞可以是"命令"、"服從"，或是更概括性的動詞"統治"，見 Descombes（2004）。

連串重複，由於人民在自我管理時只服從他們選擇的法律，因此人民是自由的。以康德（1891: 43）的見解來看，"只有當人們能決定所有人的事情時，每個人才能相應地決定自己的事情。"

然而以單數形式出現的人民卻無法行動。如 Demiurge 所說，人民是個冷漠的羣體。這也是盧梭（1964 [1762]: 184）對該詞進行專門區分的理由："對那些聯繫起來的人來說，他們被集體命名為人民，而且被特別稱為公民。當稱為公民時，人民不僅是參與主權掌控的統治者，也是服從國家法律的臣民。"康德（1891: 35）針對任何人作為一個人的自由，作為一個臣民的平等和作為一位公民的自立（自足，自治）作了類似的區分。儘管如此，單數人民的意志是如何被複數人民決定的？當一個人自己管理自己時他是自由的，但當人民管理他時，他還自由嗎？

很明顯，如果所有人在某種程度上是完全相同的，並選擇服從類似的法律，那麼這些問題都不會浮現。如 Descombes（2004: 337）所說，"會服從法律的並不是某個個人，而是人類個體的理性面，人類的理性面幾乎是一致的。"康德認為，受普遍理性的引導，所有人都將生活在同樣的法律下。"這是理性本身的意志。"如果同樣的法律秩序被所有人認為是最好的，那麼每個人的決定將和其他人是同樣的。如果他人對我的命令和我對自己的命令一樣，我只是遵從了自己而已。這樣一來，別人與自己是否觀念相同都變得不再重要。而且，法律的制定程式也不再重要：當每個人要的東西都是一樣時，所有的程式產生同樣的決定；每個人和所有小團體可以在其他人的同意下命令其他人。最後，這一決定得到一致的同意：如果每個人生活在他或她選擇的法律之下，沒有人會被威脅去服從法律。

因此，當人民作為羣體實行自我統治——集體自治時，自由的條件是所有人都願意生活在同樣的法律下。代議制政府是在社會利益和諧的認識下產生的。

這不是說，代議制的創立者對衝突視而不見，對明顯的不是每個人對每件事都贊同的事實視而不見。一些社會分歧的曝光將無可避免。正如受休謨影響的麥迪森在《聯邦黨人》第10號文集中所寫："內訌的潛在來源是……根植在人們的天性裏。"休謨（2002 [1742]）自己認為相比之下，基於原則的分歧要比基於物質利益的分歧更危險，尤其是基於宗教價值或者感情。Sieyes 甚至堅持，一致同意必須是對所有問題的："人們基於共同的利益團結起來並不等於人們將所有的利益作為共有。"（Pasquino 1998: 48）。Condorcet（1986: 22）指出，"當法律存在不被一致同意的內容時，相當於使民眾面對不是他們觀點的選擇，或者他們認為和他們利益相矛盾的決定。"傳統的觀點承認人們可以對很多問題持不同意見；這一觀點認為只有一些價值或者利益將他們緊緊綁在一起時，共同之處才能戰勝所有分歧。這一切需要對基礎事物的意見一致，或者如盧梭（1964 [1762]: 66）所說，"在某些問題上所有利益是不衝突的"。

然而，即使是那些認識到社會分歧不可避免的人，也認為政黨或小團體是一個自然整體錯誤的分歧，政客們野心的產物,而非反映前政治的差異和衝突。[2] 人民是個軀體,"無論是軀體、肉體、還是政治,都不可能在其各成員工作目標相反的情況下生存。"(Ball 1989: 160)。政治與身體的類比發源於中世紀晚期,直到最近才被廣泛使用。即使合約性質取代了身體器官的性質,政黨對協議或合同來説,仍被看作是整體中的一部分,而不是任何一種分裂。代議制政府的支持者認為,由於人民是天然團結的,只有人為方式才能令其分裂。如Hofstadter (1969: 12) 聲稱,18 世紀的思想家"經常假設社會應當是充滿和諧的,由即使不是完全同意,至少也接近一致的意見所統治。"而鼓勵了邪惡和虛假精神的政黨,則被認為是創造社會衝突的禍首。要不是政黨,這些衝突本不會出現。華盛頓 (2002: 48) 在其告別演講中作如下説教:"政黨的精神就是分散公共服務機構的注意力,弱化公共管理。它煽動社區的人們無理由地妒忌和恐慌,激起羣體之間相互仇恨,助長騷亂和造反。它將國門敞開,使他國影響和腐敗入侵。"華盛頓的繼任者約翰・亞當斯則認為:"一個共和國有兩大政黨相互抗衡,雙方都在各自領袖的指導下採取一致措施與另一方對抗,對我來説,簡直沒有比這令人更害怕的事了。"(引自 Dunn 2004: 39)。諷刺的是,黨派分割的解決方案是一黨制,即將所有人團結到追求共同利益當中。據 Hofstadter (1969: 23) 所説,這一方案的主要建議人是門羅:"政黨政治很邪惡,但是單一

2　Rosenblum (2008,第 1 部分) 區分了反政黨主義的兩種傳統:假設利益和諧的整體主義,和多元論者的反政黨主義,後者認為分裂極為糟糕。她還提供了更多反政黨主義觀點的證據。

政黨可能是值得讚美和有效的……如果這個政黨能通行以及強大到包容社會共同利益，那麼就能阻止政黨鬥爭。"然而，前提是團結一致必須達成，團結一致必須佔上風。

政黨帶來分裂的情況必須由一種恰當的代議制加以緩和。休謨預言，"如果利益分裂得不到阻止，不能夠以公眾利益為依歸，那麼我們就只能看到內訌、失序和這種統治下的獨裁。"麥迪森在《聯邦黨人》第 10 號文集中自誇道："在合眾國憲法的諸多優點之中，沒有比打破和制止小集團的暴力更值得發揚的了。"麥迪森承認激情和利益的差異無處不在、難以避免，而且差異背後共同和持久的來源是"財富的各種不平等分配。"但是，這種差異一定不能夠進入政治領域。儘管如此，制止則意味着失去自由。因此，麥迪森總結道："小集團的產生原因是無法被消除的，只能最大限度地控制及緩解其造成的不良影響。"即使從詞源學上擁有不同的含義（Ball 1989: 139），但那個時代的"小集團"幾乎就是我們今天所理解的"政黨"。[3] 麥迪森解釋說，"我知道有一些市民，無論是大多數人還是少數人，他們被共同的激情和利益所驅動，團結起來反對其他市民的權利，或者反對團體長久、整體的利益。"麥迪森在《聯邦黨人》第 10 號中指出，小集團有被控制的可能。一方面，代表們可以通過討論實施對小集團的控制；另一方面，在足夠大的地區中，每個代表有義務回應各式各樣利益訴求的事實，也有

3　對"小集團"還有一個更具攻擊性的定義：如 Bolingbroke 說，小集團是政黨的極致：政黨是政治邪惡，小集團就是邪惡中的邪惡。（引自 Hofstadter 1969: 10）

助於某些人實施對小集團的控制。立法機關的作用的確就是：

> 有選擇性地將一些市民團體視為傳遞意見的媒介，
> 從而更好地提煉和放大公眾意見。這些被選中的團體智
> 慧，將有助於辨別其國家的真實利益，而且這些被選中
> 的市民團體都具有崇高的愛國主義精神，和熾熱的正義
> 感。它們不會因眼前的利益或小集團的盤算，而犧牲國
> 家利益。在這樣的管理下，就目標而言，由人民代表所
> 表達的公眾意見，將會比由人民自己表達的意見與公共
> 利益更相一致。

　　法國人不太關心自由。法國 1791 年制憲會議最後的法令
宣稱，"任何社團、俱樂部和市民協會不得擁有任何形式的政
治存在，它們對憲政權利和法律部門無權行使任何形式的檢
查；無論是請願或組織代表團，參與公共儀式或其他事務，
任何團體都不得以任何藉口以集體名稱出現。"（引自 2004
年 Rosanvallon: 59）。這一原則的影響似乎遠至外國：烏拉圭
1830 年的憲法也認定公民組織協會屬違法行為（L´opez-Alves
2000: 55）。

　　出於對政黨的厭惡，德國公國在 1842 年對政黨實施禁
令；1914 年之前，在一些國家的議會中提政黨是違法的；直到
1901 年，大規模聚會在法國才完全合法。1770 年，當 Burke
捍衛政黨時，他又回到其他人認為是一廂情願的觀點："黨是
為促進國家利益而根據一致同意原則團結起來共同努力的一個

羣體"(2002: 40)。[4]Henry Peter、Lord Brougham (2002: 52) 在 1839 年時指政黨政府是 "最反常的事情——這種政治事務安排有系統地將每個時代一半偉人從他們的國家服務中排除，使兩個階級無止境地相互鬥爭，而不是增進總體利益。""政黨政府" 是一個否定的詞，暗指個人政治家野心驅動的衝突，"癡迷於獲得權力，贏得選舉。"[5] 追求特殊利益總是一個相當令人討厭的情形。它需要一些中立、適度的權力加以補救，如巴西皇帝在 1824 年憲法裏或德國總統在魏瑪憲法裏進行的。[6] 然而，Schmitt (1993) 觀察到，這個解決方案也被黨派政治吞噬。最終，總統由政黨選出。當這個解決方案失敗後，開始出現獨立法院對憲法展開審查，以限制黨派政府 (Pasquino 1998: 153)。

儘管代議制政府意味着人們有權力組織選舉使現任政府下台，但在兩次選舉之間，人民應有的作用仍然是模棱兩可的。麥迪森觀察到，將美國人和其他古老共和國的人民進行對比，"美國人民完全沒有參與政府管理的集體才能"(《聯邦黨人》第 63 號)。他似乎是很認真地說，人們應該將管理交給他們的代表，"以防自己的一時的錯誤和錯覺誤事。" 根據 Hofstadter (1969: 9)，"當（黨派創始人）開始遊說時，他們大量、不停

4　此外，據 Hofstadter (1969: 34) 的觀察，這一觀點在美國只有微弱的回應。

5　這句話出自德國總統 Richard von Weizsaker，發表於 *Scarrow* (2002: 1)。

6　政黨的出現和權力需要節制之間的聯繫是 1738 年 Henry Saint-John, Viscount Bolingbroke 的主題 (2002: 29)："愛國君主不支持任何政黨，但應像他們共同的父親一樣對他們進行管理。這對愛國君主很重要，如果他不這麼做，就有可能失去他的王位。" 華盛頓在他的告別演說中提到，政黨在君主制下是有美德的，因為國王可以在政黨之間進行仲裁，但不是在民主制度之下。

地談到自由。他們雖然明白自由的實現需要有反對黨的一席之地，但卻遠遠不清楚反對黨該如何存在。當時他們亦重視社會團結及和諧，也還未認識到建立有組織的、受擁簇的反對黨是能夠在不粉碎和諧的情況下維持自由的。"相反地，Lavaux（1998: 140）認為"從社會契約的傳統中出現的民主概念不一定將少數人的角色看成反對黨。民主被當作是統治者身份，被統治者並未承認的反對權利留下空間。"人們可以自由地反對多數人選出政府的觀念只能慢慢地、痛苦地出現在各地，包括美國。畢竟，Hofstadter（1969: 7）是對的——"政府通常認為有組織的反對黨在本質上是顛覆性的和非法的"。[7]

2.3　以異質性存在的自治

2.3.1　民主作為一種處理衝突的方法

約翰·密爾（1859）說，所有公民不能同時統治。加上後來 Kelsen（1988: 27）對其進一步的討論，這個觀點成為民主理論出發點："讓所有受國家規範強迫和管束的人參與到他們創造的制度裏是不可能的，而這種制度是權力存在的必要形式；當他們將兩個"人"（單數和複數形式）變成一個時，民主理論家顯然不認為他們的隱藏將導致怎樣的深淵。"人們必須有代表

7　印尼第一任總統蘇加諾認為議會民主制是西方舶來品，因為它"包含了一個積極的反對黨的概念，而正是這一概念的加入，在過去的 7 年給我們帶來很多困難。（引自 Goh Cheng Teik 1972: 231）

發表意見，而可以代表他們的形式只有通過政黨，政黨是"對公共事物的管理有相同意見，並確保他們對公共事物有真正影響的一羣人"（Kelsen 1988: 28），或者是"成員在計劃爭奪政治權力的鬥爭中能夠保持一致行動"（熊彼得 1942: 283），又或者是"通過贏得週期性的憲政選舉來控制政府部門的一個團隊"（Downs 1957: 25）。孤立的個人不可能對共同意志的形成有任何影響；人們要在政治上存在只能通過政黨（Kelsen 1988: 29）。

民主理論裏，沒有其他理論像政黨理論一樣經歷了如此急劇的轉變。看看麥迪森本人，當發現自己反對咸美頓的政策時，他與傑佛遜便決定在 1791 年的晚春去一趟紐約和佛蒙特州，創建一個政黨。（這一解釋來自 Dunn 2001: 47-61）在最理想情況下，如果經濟差異能夠被降至最低，他仍然相信政黨是不需要存在的。他開始意識到，"政治家的偉大的藝術在於用一個政黨制約另一個"（引自 Dunn 2004: 53）。很快他便開始使用"共和黨"的名字來確定該黨的程式化取向。在他生命的最後時刻（大約是 1821 年到 1829 年間），麥迪森得出了結論，"自由的國家不可能沒有政黨的。政黨是自由的產物。"（Ketcham 1986: 153）

1679 年至 1680 年，英格蘭出現了第一個黨派分歧。[8] 在瑞典，兩個政黨被組織起來，其功能不僅在房議會，而且還在 1740 年選舉之間（Metcalf 1977）。對法國的政策兩極分化導致

8　Laslett（1988: 31）認為 1681 年的"給國家騎士的指令——針對他們在議會的行為"（也許是 Locke 所寫），是政黨歷史上的第一個文檔。

1794 年美國政黨的興起，即使聯邦黨在 1800 年失敗後解散，兩黨制在四分之一個世紀後便得以具體化。在法國，政黨在 1828 年得以被承認。而對於一些拉丁美洲國家，特別是哥倫比亞和烏拉圭，黨派在獨立戰爭中就已經出現，甚至早於其國家形成之前（L´opez-Alves 2000）。

在 1929 年，Kelsen（1988: 29）就總結道："現代民主完全建立在政治黨派基礎之上。"1945 之後的幾種憲法承認政黨對民主的必要性（Lavaux 1998: 67-8）[9]。此外，政黨進一步規範了其在立法機構的黨員的行為，因此其黨員代表便不得代表個人行使理性。事實上，一些國家直接在法律規定轉了政黨的代表須辭去他們的立法委任權：法律承認他們只能以黨員的身份服務。反之，政黨有其追隨者和領導人，他們通過選舉成為代表。代表們以人民意志為依歸。Kelsen（1988: 38）說，"議會制度是指由人民選舉產生的、形成國家直接意志的合議機構……由議會產生的國家意志並不是人民的意志。"熊彼得（1942: 269）贊同這一看法："假設我們調轉了二者的角色，那麼有決定權的人的選舉就會比選民的決定權還重要。"雖然在古典理論裏，"民主方法是達致政治決策的制度安排……通過人民選舉，能貫徹人民意志的人聚在一起決定事務，從而實現人民對事務的決定權"，事實上，民主的方法是指能貫徹人民意志、並聚在一起決定事務的人，是通過選舉產生的（1942: 250）。

9　1947 的《意大利憲法》是第一個提到政黨角色的憲法（第 2 條）。1949 年的《波恩憲法》（第 21 條）和 1978 年的西班牙憲法均給予政黨憲政地位。1974 年的《瑞典憲法》提到政黨在形成民主意志中的卓越作用。

到目前為止，這些觀點與熊彼得贊同的古典概念並不偏離。儘管麥迪森或 Sieyes 可能會對強調利益和政黨感到不舒服，但是他們應該會同意代表的作用是為人民做決定，有時做的決定不利於人民，卻是為他們好。但這裏出現了對古典傳統的關鍵性突破：Kelsen、熊彼得、Bobbio、Dahl 和 Downs 一致認為，沒有人或組織可以代表人民的意志。與古典觀點形成強烈對比的是，這些理論家堅持認為，政黨代表不同的利益。基於共同利益猜想的民主理論是不合邏輯的。如 Shklar（1979: 14）在一篇題為《讓我們不要虛偽》的文章裏所言，"雖然曾有這樣的希望，但一個民族不僅僅是一個政治實體。構成了選舉制度現實的不是選舉承諾，而是政黨、有組織的競選和領導人。"

Kelsen（1988: 25-6）也許是第一個系統地質疑基於共識假設的自治理論的人："被民族、宗教和經濟差異所分裂，人民呈現在社會學家面前的更像是特點鮮明的多樣化的團體，而非凝聚在一起的一羣人。"他同樣有力地拒絕了熊彼得所命名的"古典概念"："此外，整體利益優於和超越集團利益的理想，那麼不考慮宗教、民族和階級等差異為整體利益的理想而奮鬥的政黨，則是形而上學的，或更確切地説，是形而上學的政治學錯覺。它以非常模糊的術語"有機的集體"或"有機的結構"被習慣性表達（Kelsen 1988: 32-3）。

熊彼得（1942: 250 頁起）通過以下四點對集體利益或集體意志的概念進行了系統的批判：(1)"不存在所謂的經過獨特方式決定的共同利益，不管這利益是人們同意或者經過理性勸說力量而被動同意的。"（2）功利主義者證明靠勸說形成的、非自動產生的共同利益概念的個人偏好"是不真實的、創造出來的意願。"（3）即使共同意志可以通過民主程序出現，[10] 也不需要理性的認可對共同利益進行確認。由於大眾的病態心理，人們並不一定會認識到甚麼對自己有利。（4）即使我們能知道共同利益，但對如何實現它仍然是有爭議的。

如果團體、議會和政府不能代表所有人，那麼民主難道只是通過少數服從多數的方法從而將一些人的意志強加於其他人的方法？熊彼得（1942: 272-3）提出了這個問題，但很快就給了肯定的答覆。他說："顯然，絕大多數人的意志是多數人的意志，而不是全體人民的意志。"然後他提到，一些作者一定記得 Kelsen（1988 [1929]: 60-3），曾試圖通過以不同的比例推選代表的方案來解決問題。他發現他的制度不起作用，因為"這可能阻止民主產生高效的政府，而這在有壓力的情況下是危險的。"熊彼得堅持認為，"民主的原則只是意味着，掌管政府的韁繩應該交到比其他人或團體擁有更多支持的那些人手裏。"

Kelsen（1988: 34）的確提供了一個解決方案：政黨之間達成妥協。他認為，"如果共同意志不應該表達單一和獨特羣體的利益，那麼只能是對立的結果，即相互對立利益之間互相妥協。人們形成的政黨實際上是實現這種妥協的必要組織，這樣共同意志可以在中間地帶產生。"Kelsen（1988: 65）主張，"維

10　僅在熊彼得發表他的文字的 9 年之後，Arrow（1951）承認了確認共同意志是困難的。

持半自然限制。如果他們多數和少數要達成一致，兩者必須相互理解。"然而，他在這裏遇到了一個棘手的問題。他試圖求助於佛洛伊德心理學來解決"無意識"的問題：為甚麼多數人向少數人的"妥協"(事實上是讓步) 是民主的特點？他錯誤地聲稱，──根據 Gandhi 最近的研究 (2008)──專制政治不會妥協。[11]Kelsen 可以解釋的唯一原因是心理的："民主和獨裁統治在它們的政治狀態裏就這樣根據心理差異區分自己。 (1988: 64)。"但是如果這個解決方案──通過讓步保留政治統治──並非民主獨有，那麼 Kelsen 所聲稱的民主的核心價值就消失了。

將以下觀點歸功於韋伯的 Bobbio (1989: 116)，提出：民主制度下做決策的正常程式是，集體決策是代表社會力量 (工會) 和代表政治力量 (政黨) 談判和最後協議的結果，而不是多數表決起作用的大會。此外，當政黨的領袖談判時，選民的作用則降到最低點。選民們所能做的一切就是批准"在其他地方協商達成協定。"

靠選民週期性投票當選的政黨領袖之間的妥協，與 Kelsen 或者 Bobbio 從自治的古典概念中找出來的差不多。自治如今意味着政黨在議會的統治。政黨不追求公共利益而是在衝突的利益之間尋求妥協。討價還價替代了審議制度，而且討價還價的結果在很大程度上與選舉無關。民主的特殊性縮小到

---

11 兩種政權的差異，不是妥協只在民主制度下發生，而是在獨裁政治裏可以，而且有很多就是這樣：由少數人統治。然而獨裁者也將壓迫和投票結合在一起，以維持其統治 (Gandhi 和 Przeworski 2006)。

不時地要求這些交易，必須得到選民的批准。儘管如此，選民們所能做的就是批准政黨領袖達成的交易或趕走這些政黨"流氓"——用最近在阿根廷爆發的反政治階層所使用的詞來説，就是"*fuera todos*"，所有人都出去。但所有人都出去了之後呢？

接下來，我提出另外一個觀點。即使每一屆政府只能代表一些人，但它代表了儘可能多的人。如果多數人希望政府可以改變，那麼大多數人被代表了一段時間。雖然人民自我管理，但它可以由不同的人輪流管理。

2.3.2 自治與輪流執政

要了解現代意義上的自治，繞回古希臘會有啟發性的。以下內容是基於 Hansen 的（1991）。對於亞里士多德來說，將民主和自由連接到一起的原理是每個人"可以統治，反過來也被統治。"下面是關鍵的段落（引自 Hansen 1991: 74）：

> 民主憲法的基本原則是自由。通常這麼説的人暗指只有在這個憲法裏人們才享有自由。為此，他們説自由是每一個民主的目的。那麼自由的一個方面就是被統治和反過來統治別人……另一個方面就是過你喜歡的生活……那麼從中得到民主的第二個定義原則，那就是不被統治，不被任何人統治，或至少是週期性地被統治。

　　自治概念在希臘時期和現代之間的區別是驚人的。看看
Castoriadis 的觀點 ——"我認為人類這個詞的意義就是指可以
自主的生物。用亞里士多德的話，也可以說是有能力統治和被
統治的生物"——Descomes（2004: 327）則指出，"值得注意的
是，Castoriadis 並沒有說，一個現代意義上實踐黨派自治的人
"是能夠自己管理自己的人……好公民是能夠命令也能夠服從
的。"用 Manin（1997: 28）的話來說，"民主的自由不只包括
服從自己，還包括服從明天你將取代他位置的人。"

　　雅典輪流制就是輪流在位，其特點是：抽籤挑選、短的任
期以及對再次參選的限制相結合。每年初，抽籤挑選出 6000
個評委，然後再在特定的一天通過抽籤選出足夠多的人。準
備委員會的決策並負責執行的約 540 名法官通過抽籤選出，
任期一年，而且不能在位超過一次（或者最多幾次）。500 名
委員會成員以抽籤的方式自薦，且在符合一生中最多可以在位
兩次的人中選出（任期不能是連續的兩年）。[12] 最後，對於掌管
着雅典的大印和寶庫的鑰匙，以及代表雅典和其他國家交往的
儀式性的首席執法官職位，每個人一生中只能在任一天一夜。
Hansen（1991: 313）對希臘輪流制的總結如下：

　　　　一個人一生中擔任議員不可以超過兩次的規定意味
　　着 30 歲以上的二等市民……至少在議會服務過一次；

12　根據 Finley（1983: 74）的觀點，在任何十年，有 1/4 到 1/3 的 30 歲以上公民都可能
　　成為議會成員，不到 3% 任職兩次。

四分之三的議員在一年裏能夠擔任一天一夜的首席執法
官（一生一次）。由簡單的計算便可得到令人震驚的結
果：四分之一的成年男性雅典市民可以說："我曾當過
雅典 24 小時的總統。"但是，沒有雅典人能夠吹噓說自
己當總統的時間超過了 24 小時。

由於現代民主規模太大，輪流執政不可能成為正式制度。
1776 年，賓夕法尼亞憲法規定，議員、地方治安官、驗屍官、
稅收評估員以及治安官可以任職一年，行政議員可以任職三
年，每個職位的再參選都有限制。這是現代和理想的輪流執政
最接近的辦法。儘管如此，即使我們假設未曾有人任職兩次，
但每 13 人裏至少有一個曾任職一次。[13]

人們可以通過幾種方式對雅典和現代民主加以比較。最標
準的區別在於希臘民主是直接民主，而現代民主是代表制的。
Manin（1997）重點描述了挑選公職人員的方法：雅典民主主
要靠抽籤，但現代民主的特徵則是選舉。但是，抽籤的力量不
是來自 Beitz（1989）所說的"簡單的政治平等"，即一個平等的
程式機會，而是來自短暫的公職任期和禁止再參選。畢竟，我
們甚至可以抽籤選出一個世襲的寡頭，這樣也是輪流執政。但
在我看來最鮮明的比較是，雅典民主保證了大多數的公民可以

13　我假設 1,000 人被推選。賓西法尼亞 1790 年的人口是 434,373，因此我將 1776
　　年的人口記為 400,000，並且假設成年人壽命是 30 歲。在美國，1992 年（www.
　　census.gov）有 511,039 位民選的地方官員，7,382 名州議員，和 535 名聯邦議員，
　　總共有 518,956 人。如果每個人只服務一年就再也不能任職，只在一年裏，每 7 個
　　人裏有 1 個可能就曾經參與過管理（如果成年人壽命是 50 歲）。

參與管理，反過來也可以被管理，但是現代民主人士卻一點也沒有這樣的想法。即使任期短暫和限制再參選，無論這些規定被引入到哪裏，都是為了防止在職者固步自封，而非給每個人一個機會去管理。對希臘人來說——盧梭（1964 [1762]）對此的理解是正確的——"民主是在一個國家裏，當法官的公民比普通民眾公民更多。"雖然 Paine（1989: 170）描述了美國治理系統是"嫁接在民主之上的代議制"，這種嫁接改變了整個體系。所有關於共同利益、理想化的偏好以及集體意志的複雜設計都遮蓋了這樣一個基本事實：現代意義上的民主無法排除有些人可以一直參與管理，而其他人可能永遠無法參與管理的可能性。[14] 華盛頓可能會說，"我已經當了八年的國家總統"，但幾乎沒有多少人能說自己也當過總統，哪怕只有一天。

2.4　次優的自治

自治的最初概念是基於一個不合邏輯且不可行的假設，即每個人對法律秩序都有相同的偏好，都願意在這樣的法制下生活。古典希臘觀念並沒有假設這樣的同質性，但它確實是在一個機制下得以實現，雖然這一機制在大型集體活動中是不可行的。要界定偏好不同的大型社會的自治理想，我們需要一個次

14　的確，Sieyes 通過聲稱人們想要那些有專業知識的人制定法律來證明代議制的合理性。他觀察發現，現代社會個人必須有專業知識，因此總結出"共同利益，社會狀態的進步本身反映出要求政府是一個專業的行業（引自：Manin 1997: 3；Sieyes 觀點更多更深入的討論在 Pasquino, 1998）。

優的選擇，一個最能夠反映個體偏好，能使更多的人感受到最大限度自由的集體決策系統。它之所以是次優的，因為它受制於這樣的事實：由於價值偏好各異，一些人必定生活在、至少在某些時候生活在他們不喜歡的法律之下。

反過來，一個最能反映個人偏好系統，能使儘可能多的人享有最大限度自由的集體決策系統必須滿足四個條件：每一個參與者都必須對集體決策有平等的影響力（平等）；每一個參與者都必須對集體決策有一些有效的的影響（參與）；集體決策必須由被選擇來執行它們的人執行（代表）；法律秩序必須能保障合作不受過分干擾（自由）。

在分析這些條件時，我們借助於社會選擇理論的兩個原理。May（1952）的原理説明，簡單的多數規則是唯一滿足四個公理的集體決策規則，即：平等、中立、回應和果斷。因此，如果這些公理是理想的，那麼這個規則也是理想的。此外，這些公理在規範方面的重要性超出了簡單的多數規則，因為這一規則反過來意味着能最大限度地讓多數人生活在他們喜歡的法律規定下（Kelsen 1929；Rae 1969）。因此，如果這些公理是令人滿意的，那麼集體決策就反映出個人的喜好，並且使儘可能多的人生活在他們喜歡的法律下。然而對於平等實現的條件、參與的有效性、我們受他人統治這一事實衍生的代理人問題以及應當進行集體決策的範圍，社會選擇理論並沒有進行關注和討論。

2.4.1　兩個定理

首先考慮的是 May（1952）的四個公理。

平等性——匿名。平等意味着所有人在影響集體決策的方面擁有相同的的權重。匿名性則要求，如果有任何兩個人交換了他們的偏好，集體決定仍保持不變。如果匿名性適用於所有可能的兩個人（"開放域"），那麼匿名性被滿足的條件是每個人都擁有相同的權重。因此，平等和匿名在開放域裏是相同的。[15] 注意，這種相同不僅是形式上的，還必須是有效的。

中立性。中立性條件的本質是，沒有選擇可以按個人喜好的因素而受到青睞。這種情況通常是在説，不應依賴於替代品上的名稱去做決定。比如，如果多數人喜歡"S"多過喜歡"A"，那麼即使二者的標籤反轉了，只要偏好不變，A 就應佔上風。這一條件看起來是無甚麼影響的，但其實並非如此。它的目標維持現狀。假設法律授權死刑是現狀，廢除它是另一選擇，而大多數人更喜歡維持死刑。現在假設標籤被反轉。中立性要求維持死刑，無論是否是現狀。請注意，它改變現狀可能會改變人們的偏好，對死刑來説似乎是這樣。如果集體決策隨着偏好改變而改變，中立性並未被侵犯。只有當偏好不變，決定卻隨着標籤改變而改變時，中立性才受到侵犯。

決斷性。集體決策的決斷性是指當它一經公佈，公眾知道要做甚麼。更詳細一點是，它在綜合個人偏好後，在所有可行

15　David Austen-Smith 提醒我注意開放域假設的重要性。

的選擇中挑出一個。這個公理的內容較為複雜,下面將用更大的篇幅討論。

回應性。從技術上講,這是最複雜的條件,而且以各種形式出現(見 McGann 2006:18)。簡單地說,就是當一個人(至少)的價值偏好變化,要麼對集體選擇偏好沒有影響,要麼打破平局,朝關鍵投票者的偏好轉變("積極回應",根據 Austen-Smith 和 Bank 2000: 87)。然而這種情況適用於委員會,因此如果它是適用於代表性框架時,必須考慮代理問題。

以上這些公理意味着兩個定理。

多數規則。May 的定理相當清楚,也是眾所周知的,所以它不需再說明。請注意,這個定理只適用於兩個選擇,選民要麼喜歡其中的一個,要麼是對哪個都無所謂。由於出現平局在理論上是可能的,某種打破平局的程式是必需的,但當決策者的人數比較多時,這一點又是微不足道的。

May 不是唯一一個認為簡單多數規則合理的人。簡短地回顧可以解釋歷史遺產是甚麼。[16]

根據古典觀念,代表的作用是找到所有人的真正的共同利益。熊彼得(1942: 250)恰當地將它的特點概括為,"18 世紀的民主哲學認為……世上存在公共產品,它是清晰地指引政策的燈塔之光……沒有理由不看它,事實上未解釋為何有看不到它的人存在(只可能是無知)——也可以解釋為愚蠢以及反

16　Konopczynski(1918)在其經典論著中對多數規則的起源,他強調該規則沒有在哪里得到法律頒佈,並非源於模仿,也不受制於持續的爭論。它似乎未受其他地方影響地在不同的國家自發地出現。

社會利益的。"但是，他們怎麼知道他們發現的就是共同利益呢？用電腦科學的語言說，甚麼才應當是他們審議公共利益的"停止信號"呢？

客觀真理在主觀上是具說服力的，至少對被賦予理性的人來說。Milton 宣稱，"讓 [真理] 和謬誤搏鬥，真理會在自由和開放環境裏打敗謬誤。"洛克認為，"真理會做得很好，如果人們一旦讓她自己設法去應付。"[17] Cato 寫道："真理有比錯誤多的優點，她只想得以顯現，獲得讚賞和尊重。"傑佛遜聲稱，"真理是偉大的，她自己就會勝利。"由於真理是明顯的，每個人都能夠認出她。這樣，真理被找到的明顯的標誌就是一致同意。事實上，這一標準在中世紀早期被廣泛使用。在距今不遠的 1962 年，Buchanan 和 Tullock 認為，如果沒有時間的壓力，協商會達到一致同意。即使在今天，這是某些政治協商理論的假設。人們被賦予理性，承認人人平等，並容易受道德感召，協商過程中，參加者不需要通過投票整合他們的偏好，因為他們可以做同樣的決定。根據 Cohen（1989: 33），"協商的目的是達到理性驅動的共識——找到可以勸服所有人的理由。"

然而，"共識（Concensus）"和"一致同意（Unanimity）"是不一樣的（Urfalino 2007）。作為一個決定已作出的信號，"共識"指沒有反對既定的決策——而對決策沉默不一定代表同意，只是承認進一步的反對是徒勞的。如果"一致同意"未能

17　這個和後面的引用均來自 Holmes（1995: 169-70）

達到，真理則是受到質疑的。如 Simmel（1950: 241）觀察到，"一個僅僅多數的決定可能尚未包含全部的真理，因為如果它是，它應該已經成功團結所有的選票。"存在異議可能表明真理並不明顯，任何決定都有可能錯誤的。因此，在事關生死的情況下，Condorcet（1986）要求一致同意，雖然他在其他情況下也願意接受共識度不是那麼高的"一致同意"。一個懸而不決的陪審團是指，即使經過了所有可能的協商，也沒能明確指導我們每個人甚麼該做，甚麼不該做。如果有人想讓我們做一件事，另一些人想讓我們做另一件事，我們應該做甚麼？

　　注意熊彼得的警告：即使燈塔的光是明顯的，但由於無知、愚蠢或反社會利益，一致同意可能還是達不到。人們怎麼能分這是因為真相太不清晰，還是由於這些不當的原因？一個解決方案是要區別各種人和他們的理由。早期德國法律理論和教會法認為，除了要關注數量（*numerus*），我們還可以權威（*auctorita*）、優點（*meritus*）和強度（*zelum*）來區別。到了中世紀早期的英國理論，則變成了排名、名聲和判斷。決定不應當以支持人數為判斷基礎，而且還應重視其正確性（*major et sanior*）。

　　然而，即使不是所有的意見都是一樣的品質，一個壓倒性的數字足以證明，決策是基於對所有相關方面的判斷才做出的。然而，根據 Heinberg（1926）的看法，13 世紀的意大利公社採用不同形式的絕大多數表決：熱那亞通常要求全體同意，布雷西亞、伊夫雷亞和博洛尼亞要求三分之二同意，而其他幾個城市要求七分之四。反過來，雖然 1159 年教皇亞力山大三世得到 27 張選票中的 24 張，因未獲一致同意引發了教會分立，但三分之二規則在隨後的教宗選舉中為教廷採用。

　　所有這些描述認為，要尋求的規則是為了做出有理性的決定；能正確認識和理解集體的共同利益。儘管如此，制定集體決策的規則必須在沒有共同利益、只有利益分歧的情況下也是可以執行的。[18] 一致同意的決定表明真理得以建立，同時它們也會自我實現。如果每個人都同意甚麼是對大家最好的，那麼我們每個人都會按照決定指引的路線行事。如果意見缺乏一致，遵從決定會成為問題。因此，早期的德國部落並不覺得有義務遵循他們未投票的決定。16 世紀英國貴族認為他們不應該繳納稅款，無論這一稅款是他們投票反對提高的，還是在他們缺席時決定徵收的。然而，當集體的機構成員作出決定時，他們不止是為那些同意的人而做。正如 Simmel（1950 [1908]: 240）所說，"投票表決的結果的意義是，少數人要同意對其屈從──這是說，無論在甚麼情況下，整體必須凌駕與之對抗的信念和利益。"為甚麼少數人要服從多數人做的決定？

　　因此，歷史研究的另一條路線以解讀身體力量時，將大多數人的統治解釋為避免暴力衝突的方法。根據 Bryce（1921: 25-6；加入斜體字）希羅多德使用民主的概念"就其古老和嚴格的意義而言，規定一個政府由絕大多數合資格公民的意志來統治，……*這樣公民的身體力量和票選力量（大體）是一致的*"。根據 Von Gierke，德國部落使用這條規則，但沒有暗

18　一個令人產生濃厚興趣的例子是，16 世紀使用多數投票去決定一個共同體是否應該維持以天主教為宗教，或改皈依為新教徒。見 Christin（1997）。

示絕大多數人的決定在法律上或道德上可以約束少數人。只有多數人通過體力強制執行他們的意願，他們才會佔上風。Condorcet（1986: 11）以理性解讀現代投票時，指出在古時的野蠻時代，"照顧到和平與總體利益，權力由暴力決定是有必要的。"這也是 Simmel 的觀點（1950: 241-2），他推理，"由於投票的個人被認為是平等的，大多數就有了體力優勢去迫使少數服從……投票的目的是避免立即的武力對抗，通過點票發現潛在的結果，令少數人可以勸服他們自己實際上抵抗是沒有用的。"

　　無論是否多數人意味着真正的公共利益，或者由於反對是無用的，多數規則被認為充其量是達成共識的有用替代品。分裂是一個疾病的跡象，不管是因為掌握的知識不充分或者存在特殊利益。May 的定理的貢獻是合理化了簡單多數規則，在此過程中使用的辭彙在規範上是吸引人的，而不用管使用規則的後果，規則是否為了真理或者公民的和平。簡單多數規則並不是唯一的使集體決策能夠反映個體偏好的集體決策規則。然而，如果自治意味着所有人對這些決定都應該有相同的影響力，而且沒有替代的方案會因個體偏好受到青睞，那麼多數規則就是實現自治的規則。

　　自治。Rae（1969）的定理，反過來，認為簡單多數規則使生活在其喜歡的法律下的人數最大化。值得注意的是，這個想法是已經在 Kelsen 1929 年的論文裏討論過。用他的話（1988: 19）是，"只有一個想法能以合理的方式達致多數原則，這個想法就是：所有人，或者儘可能多的人，是自由的，而且他們不約而同地認為，社會秩序應當是和儘可能少的人意志相矛盾的。"事實上，在另一篇文章裏，Kelsen（1988: 58）明確表達了簡單多數規則和自治之間幾乎成為定理的關係：

> 當與社會意志相一致的個體意志的數量大於相衝突的個體意志的數量時——當我們看到大多數原則被應用時，自由就被最大化了——人們理解成的自治就可能達到了。

Kelsen 的推理如下。假設一個既有的社會秩序中有 n 個人。現在，如果改變現狀的規則是全體一致同意的，雖然 $n-1$ 人可能想去改變它，然而卻不能。因此，$n-1$ 人在自己不喜歡的秩序下生活。假設現在的規則是，如果至少有 $n/2+2$ 人支援改變，那麼現狀就是可以改變的。那麼，$n/2+1$ 人仍然在他們不喜歡的現狀下受苦。反過來，假設限制數為 $n/2-1$。那麼現狀是可以改變的，那麼便 $n-(n/2-1)=n/2+1$ 人不幸福。不過在簡單的多數規則下，決定性的數位是 $n/2+1$，這規則讓至少 $n-(n/2+1)=n/2-1$ 不如意。因此，多數規則最大限度地減少了對生活於其下的法律不滿的人的比例。

Rae 從個人的角度概念化了問題，人希望選擇一個集體決策規定，在不確定其他人偏好的情況下，使自己的偏好佔上風的可能性最大化。由於簡單多數法則"排除多數人被少數人否決的可能性"，這構成了初始問題的解決方案（1969: 52）。Rae 似乎一直不知道 Kelsen 的觀點，並使用了不同的語言。對

Kelsen 來説是"自治",對 Rae 則是"政治的個人主義。"但直覺都是一樣的:Rae(1969: 42)認為簡單多數規則的優點是"最佳化個人價值和集體政策之間的對應關係。"[19]

簡單多數規則將自主權最大化,因為它回應了個人改變價值偏好的偶然性:如果有足夠多的人改變了自己的喜好,在任黨可以被趕下台,現狀也可以被改變。自治必須允許執政的政黨輪替。為清晰地説明這點(也許有點冗長),就要考慮政黨輪替在使自治權最大化過程中的作用。假設這個社會面臨兩種可互相替代的法律秩序,A 和 B,分別被政黨 A 和政黨 B 所擁護。用 $v(t)$ 表示市民在時間 t 內支持 A 的比例,同時假設 $v(t)=I/2+\varepsilon(t)$,而 $v(t+I)=I/2-\varepsilon(t+I)$,其中 $\varepsilon(t)$、$\varepsilon(t+I)>0$。如果 t+1 沒有交替,在選舉期間的自治程度將會是 $[I/2+\varepsilon(t)]+[I/2-\varepsilon(t+I)]=I+\varepsilon(t)-\varepsilon(t+I)$,當有交替時,它將是 $[I/2+\varepsilon(t)]+[I/2+\varepsilon(t+I)]=I+\varepsilon(t)+\varepsilon(t+I)$。相反,假設即使 $v(t)=v(t+I)=I/2+\varepsilon>I/2$ 也發生交替。那麼自治的程度將會是 $(I/2+\varepsilon)+(I/2-\varepsilon)=1<I+2\varepsilon$,這將是沒有發生交替的情況。所有這些都是顯而易見和重要的,因為它表明,如果黨派根據目前多數選民控制了交替,自治就得以最大化。

與輪替相反的是,僅僅是交替不能保證不同的人可以輪流執政。希臘人通過抽籤,並且以每個人任職時間都很短的方式,來保證人人都有可能有平等的機會參與管理。代議制政府

---

19 注意 Kelsen 使用了"社會秩序"或者"社會意志",而 Rae 則用"公共政策"。尚不清楚這些詞的含義是否只包括集體採納的法律,還是涵蓋政治決定的其他方面,包括政府的組成。

沒有提供這樣的保證。有些人可能無限期地等下去。事實上，一個選區中的孫子輩繼承了他們祖先的偏好，一個完美的代議政黨應當永遠在任。這種可能性在民族分裂的社會困擾着民主。為使輪替成為可能，也就是哪一方能取得勝利的機會是不確定的，或者是個人的偏好必須改變，或者是在位者在代表選民時出錯。[20] 即使到了那時，其偏好不幸不受歡迎的人們也永遠看不到他們下台。簡單多數規則將黨派更迭可能性最大化了。贏家可以對輸家說："改變最少數人的思想，你會獲勝。"

2.4.2　一個警告

民主最平庸的定義是：政府根據民主執行的政策和公民的偏好非常接近，能夠反映、符合、回應公民的偏好。接近程度的量化成為自治概念的基礎。然而，任何這種被 Biker（1972）視為是"民粹"的概念，都與 Arrow（1951）的定理對抗。該定理實際上認為，描述個體偏好與集體決定關係的"接近度"一詞是無意義的。

正如已被評價過無數次那樣，Arrow 的定理對我們理解民主有強烈的影響。假設我們要放棄使用"接近度"一詞。那麼我們如何將民主與其他的政治安排區分開來？如果我們只根

20　按照 Miller（1983）的説法，有一種論點認為政策轉變良性循環的結果。在我看來，這是對 Arrow 原理的錯誤解釋。這一原理只是説集體決定是無止境的，也沒有甚麼是與循環相關的（Austen-Smith 和 Banks 2000: 184）循環發生與否都有可能，我沒有被 McGann（2006）説服，接受循環經常發生。

據制度性的競選程式來辨識它，我們該如何評估它？自由依然是一個潛在的標準，但自由不再被理解為自治，或生活在自己選擇的法律之下。度量自治的程度和選民偏好的接近度並行不悖。帕累托效率的解釋能力太弱，不能作為一個標準：一個獨裁者如果生活在民主國家會更壞，而其他人可能會更好。所以不能使用這一標準比較這兩個政權。國內和平也許是另一個選項，但即使沒有自由，和平也可以通過武力來維持，而許多獨裁國家也是和平的。最後，我們可以使用的標準是一些物質福利指數：經濟增長，收入不平等，嬰兒死亡率等等。我們的規範研究的工具非常貧乏。

　　Arrow 的定理的含義令人難以接受，已經有很多人無數次嘗試繞過它（具代表性的一位是 Mackie 2004）。Arrow 的定理基於假設、原理，而這些原理本身是受到質疑的。原理沒有限制領域——人們可以持有任何可傳遞性偏好——這一假設，在社會形構個人偏好，並因此限制了偏好的種類這一現象面前，是站不住腳的。當偏好的領域被一些特定的方式限制，決斷性和偏好接近度度量就變得重要了。例如，如果我們面對的只有兩個選擇，多數決定是毫無異議的，接近度度量是成立的：由大多數人支持的選擇比由少數人支持的選擇更接近民眾偏好。如果在所有的選擇都可或多或少地安排一個維度上，且偏好是單峰值條件下，結果同樣如此（Black 1958；Downs 1957）。也有很好的理由放棄 Arrow 的不相關替代選擇的獨立性原理。最後，人們可以攻擊說，Arrow 的出發點是個體最後要對其價值進行排序，但個體在這方面和集體一樣存在困難。例如，Bird

（2000）指出，個體層面想做甚麼的決定一點也不容易，然而，我們假設個體知道自己想要甚麼。

我找到的替代辦法是放寬條件後重新解釋決斷性原理。由於社會選擇理論是高度技術性的，而我不是這方面專家，我們不得不小心謹慎。但是觀點還是有的，在下面直觀易懂的辭彙裏體現。

有三個選民要在五個選擇挑一個。三女孩拿父母給的錢去買了一種口味的雪糕。女孩分別是 { i, j, k }，分別由 { D, C, S, T, V } 代表 5 種味道：牛奶焦糖、巧克力、士多啤梨、茶和雲呢拿。假設他們都最喜歡巧克力味，那麼無論任何程式和任何規則產生的決定都將是同樣的，即挑選巧克力。事實上，如果有任何一個他們挑頭命令大家買巧克力，大家應該都不反對地去買了。當偏好相同時，甚至獨裁統治也會挑選最優先的選擇。現在假設，偏好如果是下面這樣的（> 代表"嚴格的偏好"）：

決策者	偏好
i	C>S>D>T>V
j	D>T>S>V>C
k	C>D>V>S>M

他們決定通過一次投票兩口味和使用簡單多數規則（孔多賽比賽法）。人們可以很容易地看到，巧克力還是以 2:1 打敗所有其他選擇。在多數規則下，它不能被別的選擇打敗。巧克力就成了孔多賽規則的贏家。

請注意，如果我們使用不同的程式，該決定將是不同的。

假設每個決策者給自己的第一選擇 5 分，第二個 4 分等等，那麼集體決定是得分最高的決定（Borda 計數）。結果牛奶焦糖得到了 12 分，巧克力只得到 11 分。

哪一個程式更好成了起源於 18 世紀後半段的論戰的主題，這些程式不是顯示順序的喜好的唯一方式。儘管如此，我們還是有足夠方法來進入我們的問題。假定偏好分佈如下：

決策者	偏好
i	$C>S>V>T>D$
j	$S>V>C>D>T$
k	$V>C>S>D>T$

這些偏好闡釋了孔多賽悖論，Arrow 的原理對它是一個歸納。正如人們所看到的，通過配對多數表決，現在巧克力擊敗了士多啤梨，士多啤梨擊敗了雲呢拿，雲呢拿擊敗了巧克力。因此，這個程式不是決定性的。此外，前三個選擇同樣接近個人喜好，所以接近性度量不起作用。Borda 計數辦法沒有做得更好：巧克力、士多啤梨和雲呢拿都得到 12 點。我們還不知道甚麼集體決定可能會是甚麼。Arrow 的定理指，這種情況在集體決策的各種非獨裁決策中是可能的。

讓我們放寬決定性的標準。注意雖然沒有一個程式能夠確定唯一的集體決定，但是它們至少得出集體更偏好 $\{C, S, V\}$ 的元素多過 $\{T, D\}$ 的任何元素的結論。通過接近度度量會發現，民主看起來比專政好：它確保集體選擇會挑第一套裏的元素，而獨裁者可能有選牛奶焦糖或茶的傾向。現在，在至少有和選擇一樣多的決策者的情況下，當同時提升兩者的數字時（Ordeshook 1986），會出現一種可能非獨裁的集體決定將是沒有決斷性的。但是，用給出的例子來闡釋，這意味着還存在一種可能，即決定至少是弱決斷性的。在接近性一詞看來，任何在"頂層" $\{C, S, V\}$ 的集體決定都比其他選擇更接近個體偏好，所以任何能保證挑選出頂層因素的決策制定規則都比做不到這點的強。

再作進一步思考。假設決策程式是連續的，它使用一個所謂的封閉的規則，這意味着一個選擇如果一旦被提出後而失敗了，就不能再被提出。決定仍然是由簡單多數規則制定。$\{C, S, V\}$ 中結果將由提議順序被確定為唯一選項。如果 V 首先和 S 配對，然後 S 和 C 配對，那麼勝出的將是 C；如 S 首先和 C 配對，C 再和 V 配對，那麼勝出的是 V，等等。這樣，無論是誰議程設置，都可以這樣精心配對來讓她或他的第一選擇作為集體的選擇（Mckelvey 1976）。現在，我們有一個獨特的決定。這一決定看似武斷、偶然，但是在民主國家裏誰設置議程卻不是偶然的：我們選舉總統、總理，議會委員會的主席，或樓層領導。此外，如果我們不喜歡他們精心策劃的結局，我們可以選別人。

這一觀點可以而且已經被駁斥，因為它包含了無限的倒退。畢竟，當我們選擇了作決定的程式時，同樣的結果會自動出現，如果他們只是有特定價值偏好的人，無論是總統或者是總理。儘管如此，這些選擇仍然是弱決定性的，所以同樣的反駁也是適用的。此外，他們更可能是兩分的，然後簡單多數規則是決定性的。

　　事實上，選民投票選舉，立法機構制定法律。這些法律構成集體決策。決定可能是不同，但他們仍是他們。普通市民不會説，"哦！要不是因為那些個人喜好，決定可能是不同的。"Riker（1972）聲稱這個事實破壞了經由民主過程產生的結果的有效性或合法性。問題只是我們是否能説你一個決定或許比另外一個決定更接近偏好。答案是我們知道，沒有其他決定可能會更接近，有些其他的決定甚至可能會更遠。因此，接近度量的確對所有集體決定進行了微弱排序。

2.4.3　超越社會選擇理論

　　May 的公理的滿足條件是，每個人對集體決定都有平等的影響力。沒有選擇是事前贊成的，並且集體決定回應了個人偏好。此外，當這是真實的，最後的決定擴大了自由的人數。所謂自由，是從這些人生活在他們喜歡的法律之下的意義上來講的。不幸的是，這兩個公理以及社會選擇理論總體上説，都沒有為上述定義的次優自治政府提供充分的條件。社會選擇理論一點都沒提到有效平等地影響集體決策所需要的條件，或者説個體在決策過程中如何參與是有效的。此外，社會選擇原理關注委員會制定決策，而自治必須在代議制機構的背景下進行分析，在該機構中集體決策的是由特權的專業代理——政府來執行。最後，決斷性原理絲毫未論及集體決策的範圍，私人生活在多大程度上需由法律來調節。因此，要理解自治及其限制，我們必須超越社會選擇理論。要做好這項工作，我們必須一次性考慮次優自治的四個條件：平等、參與、代表和自由。由於這些條件複雜，每一個都是一個獨立章節的主題。

第三章　代議制簡史

3.1　從代議制到民主

在深入分析之前，簡要回顧一下歷史背景是有幫助的。本章接下來提供的是一些典型化事實，不做任何解釋。額外的事實將在隨後的章節中提供。本章先總括再進入一些細節。

現代代議制包括：立法機關下議院基於個人選舉權（即使有限制但也不是在財產和組織代表方面設限）[1] 而選舉產生；行政和立法功能相分離；[2] 立法機構自行召開會議（即使他們可能會被解散）；以及立法機關可以代替徵稅。最近的研究已經發掘出中世紀晚期已在歐洲各地出現的各種立法機關，以及世界其他地方的不少立法機關。這裏定義的代議制首次出現在英格蘭[3] 和波蘭，時間可以斷斷續續追溯到 1493 年（Jedruch

1　瑞典立法的"自由時代"是從 1719 年至 1772 年（Roberes 2002），可是在 1809 年至 1866 年（Verney 1957）則是建立在財產代表制基礎上。
2　歐洲的幾個共和國，包括意大利、低地國家和瑞典曾經由選舉產生的集體機構統治，但是機構包含了立法和執行的功能。
3　英國在某種程度上比較麻煩的結論是因為參政權是一種地方特權而不是個人的。直到 1832 年改革時參政權才在個人基礎上得以規範。

1998）。美國獨立戰爭導致這一制度首次在西半球出現。這一制度於 1789 年首先在法國建立，1812 年在西班牙建立。1795 年波蘭喪失獨立地位後，英國、美國、法國和西班牙成為 1810 年後獨立的拉美國家與歐洲國家的制度典範。1814 年從挪威開始實施。

制度建立後並未持續很久。在許多國家，代議制崩潰了。在有些國家則是不斷地崩潰，要麼是因為在任政府決定不遵守規則制度的規定，要麼是因為落選者不服從選舉判決，要麼是因為一些政治力量沒能為自己在制度安排上找到位置而採取行動摧毀制度。儘管代議制因各種對時代和國家而言極為特殊的原因設立，而非社會和經濟經濟發展的有序結果，但代議制更可能在經濟更加發達的國家生存。

鑒於在許多國家代議制的歷史被頻繁的逆轉不時打斷，那些國家代議制的演化往往是不連續的。然而，仍然有一些一般的模式。幾乎在代議制最初建立的一個世紀以後，關於選舉權的衝突是沿着階級差異組織的。較低等級的人努力在代議制中爭得一個位置，但遭到擁有政治權力的執政者的阻撓。雖然花了很長時間，但窮人爭得了他們在代議制框架中的一席之地。女性的政治權力是後來才有的，且在大多數國家遵循了不同動態。雖然在英國和美國將選舉權擴大至婦女，需要婦女相當程度的積極爭取，但在大多數國家，這些權利是政黨邏輯的結果，無需太多的麻煩。直到 19 世紀下半葉，政黨對任何可能分化有資產男士議題的關心程度，都不及將窮人納入代議制後導致的分配結果的憂慮。雖然一旦窮人有選舉權，政治就會被政黨管控。政黨在追求他們的經濟和社會目標時，把婦女選舉權的問題作為競選工具，來提升他們的選舉地位。當大多數人認為他們會在選舉中受惠於女性的選票時，他們給予婦女投票權。

有權利並不意味着承認權力。當窮人被允許投票時，制度設計則操控了他們的參與。正式候選人名單、間接選舉、公開投票、選民登記、選舉制度、選區設計，以及徹底的欺詐行為只是些用來影響誰參加選舉，和會有甚麼後果的設計。意圖和制度設計相結合，影響了投票和選舉的關係，從而影響人們利用自身權利的動機和行使這些權利的效果。由於選舉根據規則進行，而規則又有影響，選舉就不可避免地是可操縱的了。選舉的確是被操縱的。在職者選舉落敗的人驚人地少：只是最近在 6 次選舉中才出現 1 次政黨輪替。

在保留君主制的代議制國家、民眾將自己從遙遠的君主統治下解放的國家，或者將當地君主罷黜的國家裏，遵循不同的發展路徑。代議制的最佳設計：職能分離、不同管治權力的分配、這些權力間的相互制衡等特點，對代議制最初的創建者來說，並不明顯。有些設計有缺陷並且很快表現出來：制度給政府或者立法機構都賦予太多的權力。而且，制度在制定時沒有考慮到政治會變成政黨政治，令最好的職能分離的制度設計都會被政黨破壞。

最後，儘管很勉強，在經歷了所有的波折後，代議制在過去的 200 多年裏演進成為向我們現在所稱的"民主"。向民主的演進並非一帆風順。在 19 世紀，衝突的主要問題是選舉權的程度，以及立法權和行政權的關係。無論何時何地，只要代議制存在，制度就總會允許一些反對派，允許一些政治多元化。反過來，自 20 世紀 20 年代以來的政治衝突的主要線索，不再是選舉權，而是通過選舉爭奪政治權力的可能性。許多新獨立國家仿效列寧的技術革新，即一黨控制的政治體制。然而，多數一黨制的政權於上世紀末消亡了，目前只有少數在世界上存在。在大多數國家，正式的政治權利幾乎是普遍的；政治生活是由政黨組織；選舉是競爭性的；給對手一個合理的機會取勝；政府和反對派至少遵守民主的基本規則。

3.2　代議制的興起

此處討論的代議制是那些結合選舉產生的立法機關下議

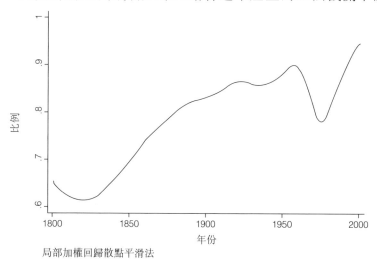

局部加權回歸散點平滑法

圖 3.1　有立法機構國家的比例

院，行政和立法權分立，立法機關自行召開會議以及徵税的權力。這種代議制體系萌芽於英國和波蘭，可是，後者卻在 1795 年被滅國了。美國獨立戰爭導致這種制度在西半球出現。在歐洲，這一制度最初於 1789 年在法國形成，緊接着 1812 年在西班牙，1814 年在挪威，1815 年在荷蘭和瑞士，以及 1820 年在葡萄牙。[4] 1848 年前獨立的歐洲國家很快陸續加入這一名單：比利時在 1830 年，盧森堡在 1841 年，希臘在 1844 年。1848 年的革命浪潮導致丹麥和皮埃蒙特區實行代議制政府的試驗，並得以持續。而在德國和奧地利帝國，這一試驗卻是短暫的。其他歐洲國家在第一次世界大戰前，當他們獲得獨立或至少可以自治之時加入了這一名單：羅馬尼亞在 1864 年，保加利亞在 1879 年，芬蘭在 1906 年。有的國家，代議制和統一同時出現：德意志帝國是 1867 年，意大利是 1861 年。奧地利帝國則於 1879 年重建代議制。最後，第一屆杜馬會議於 1906 年在俄國召開。在拉丁美洲，所有國家都在獨立後的幾年內建立了代議制，從哥倫比亞於 1810 年開始，到巴拉圭和委內瑞拉於 1811 年，再到智利於 1818 年。在世界的其他地區，奧斯曼帝國在 1876 年至 1877 年的代議制嘗試失敗後，於 1908 年重建代議制。而伊朗於 1906 年擁有其首次選舉產生的議會。代議制在幾個自治的殖民地也發揮作用：在巴巴多斯和牙買加，代議制已在 18 世紀末實行；加拿大則於 1867 年開始實行。1918

4　1796 年之後，代議制在巴達維亞共和國也存在了很短的時間。注意，瑞典在 1809 年通過了新的憲法後，一直到 1866 年，立法都是基於財產。

年獨立後的多數國家至少在名義上建立了代議制（名義上是因為，他們中的許多國家在 1960 年後不允許任何反對黨存在）。

根據上述界定，圖 3.1 按年度顯示了實行代議制的國家和海外屬地的比例。這一比例一直增長至 20 世紀 30 年代，隨着一些議會被法西斯政府關閉，非洲出現巨大的獨立浪潮，以及拉丁美洲出現最後一波軍事政權，代議制開始大幅下降。請注意，這裏描繪的立法機構包括那些由部分選舉和非競爭性選舉選出來的，只要這些立法機構有名義上的徵稅權。

3.3　選舉權

當代議制首次設立時，政治權利處處都只限富有男性擁有。普選之路花了很長的時間才達到。直到 1900 年，只有 17 個國家的男性普遍擁有選舉權，只有一個國家的女性擁有選舉權。我們不得不等到 20 世紀下半葉，在代議制建立 150 多年之後，普選權才成為一種不可抗拒的規範。

雖然一些早期的憲法使男性幾乎普遍擁有選舉權，但在 19 世紀的大部分時間內，投票權僅限於擁有財產、獲得一定的收入，或交稅的成年男子。兩個國家——1839 年[5] 的利比理亞和 1844 年的希臘在他們的第一部選舉法案[6] 中將投票權賦予

5　利比理亞在 1839 年是安置美國奴隸的秘密地點，一個聯邦。

6　布宜諾賽勒斯 1821 年的選舉法引入普選，但僅限自由男性。約有 12% 的人口是不自由的（Ternavaso 1995：66–7）。

所有的成年男性。1792 年從法國開始[7]，第一次選舉資格在 19 個國家也比較廣泛，給了所有獨立男性投票權利。擁有選舉權的類別在西班牙美洲是 *vecino*（字面意思是"鄰居"）[8]，含義是"具有財產、從事某些職業、具有技能且有公共頭銜的，或在某些有用的工作中有職位，而且不是屈從於另一人的僕人或日班工人"（Peru 1823）或者"從事一些有用的工作或有大家熟悉的生存手段"（Costa Rica 1824）。Sabato（2000）在幾篇論文中強調，"*vecino*"是一個社會學而非法律的概念，是指一個人在當地社區有社會身份。此外，由於投票資格是由地方當局決定的，這些標準適用要求也是非正式和不嚴格的。正如 Canedo（1998: 188-9）敘述，如果 Pedro 被當地選舉委員認為是一個好人，那麼他就是個 vecino。在這些國家中，公民身份的國家化（見 Annino 1995、1998）將它從一個社會學概念轉變成法律的概念。這意味着要用具體的收入或稅收門檻（有時還要求識字）來代替這些模糊的標準，這就更具限制性。因此，在第一條就賦予所有獨立男性選舉權的 19 個國家中，16 個國家裏有進一步限制。由於利比理亞在 1847 年也限制選舉權，而且所有引入選舉的其他國家在 1848 年前都將投票權建立在財產、收入

7　1792 年的法律規定，（選舉人）直接納稅相當於當地三天的工資。1793 年憲法（第 4 條）引入了男性的普選權，但這一憲法從未生效，也未在這一憲法下舉行過選舉。取代它的 1795 年憲法（第 8 條），同樣要求直接納稅，或者至少參加一次軍事行動（第 9 條）。此外，它將家傭和被判破產的人排除在外（第 13 條）。見 Serge Aberdam 等人的文獻（2006），以及 Crook 的論述（2002）。

8　在美國北部，一個對等的詞語是"居民"，新澤西州 1766 年將該詞定義為不動產的所有權、多年的承租人、鄉鎮或選區的戶主。見 Klinghoffer 和 Elkis（1992：190 n）。

或識字權的條件之上，所以希臘，墨西哥（1847年擴大選舉權
至所有男性）和薩爾瓦多（保持 *Vecino* 普選）是在1847年唯一
使廣泛男性擁有選舉權的國家。1893年前，在奧地利帝國除
擁有土地的婦女外，女性在全國選舉中沒有投票權。

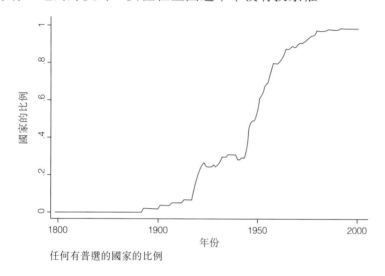

任何有普選的國家的比例

圖 3.2　有普選國家的比例（以年計）

　　一開始的這些限制，隨着時間的推移要麼逐漸地、要麼
突然地放鬆，還有一些倒退。在一些國家，用西班牙語的術語
說，"保守派"反覆與"自由主義者"在普選問題上進行鬥爭，
結果是選舉資格隨着他們的政治權力振盪。法國是最著名的例
子：從對收入有限制到男性普選，退回到收入限制，到對收入
和文化程度都有限制，再回到收入限制，然後又到男性普選，
之後再次到收入限制，又回到男性普選，只是到了1945年才
有了實行男女平等的普選。西班牙的選舉史一路上也不比法國
的平坦（Bahamonde 和 Martinez 1998），如同幾個拉丁美洲國

家的歷史，較為出名的是瓜地馬拉，加上沒有選舉的時期，共有 10 個不同的選舉規則。

選舉權的資格可以分為幾個類別 [9]：

0. 不實行普選的規則。

對男性：

1. 房地產代表；
2. 財產要求；
3. 財產（或收入或納稅超過某一閾值或從事某些職業的）和文化程度；
4. 財產（或收入或納稅超過某一閾值或從事某些職業）但無文化程度要求；
5. 文化程度（或識字或收入）；
6. "獨立"；
7. 除法律上被取消資格的成年人以外的一定年齡以上的所有人（也許有居住要求）。

對於女性而言，第一個數字概括了男性的資格。第二個數位涵義如下：

9　這些不是唯一適用的標準。除了這些類別，還有其他的標準，以排除一些少數族羣，一些地區的居民，某些宗教的信徒，一些政黨或意識形態的政治支持者、奴隸、軍事人員、牧師或修女。有時幾個非限制性標準同時使用。

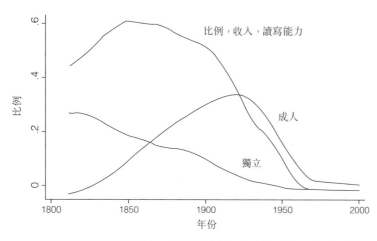

局部加權回歸散點平滑法。基數代表實行任何形式選舉的國家，補餘代表女性投票權。

圖 3.3　有不同形式的男性普選的國家比例 1810 年至 2000 年

0. 如果沒有女性能夠投票；

1. 如果放在女性身上的資格條件比那些使用在男性身上的嚴格（更大的年齡，只有當沒有男性戶主時，或者只有是軍人親屬等等）；

2. 如果女性滿足和男性一樣的資格條件。

請注意，這些投票權編號不區分數字閾值，只區分限制的內容。原因是越來越多收入和通貨膨脹擴大了選民基礎，及在沒有法律改變的情況下。[10]

19 世紀的納稅政權的傳播是很明顯的。在只有男性可以

10　例如，在巴西帝國的年收入要求在 1824 年是 100 米爾雷斯（巴西的舊貨幣），到 1846 年時提高到 200。Graham（2003：360）指出，由於通貨膨脹，除了乞丐和流浪者，即使是傭人，也能掙足夠的錢滿足這個標準。

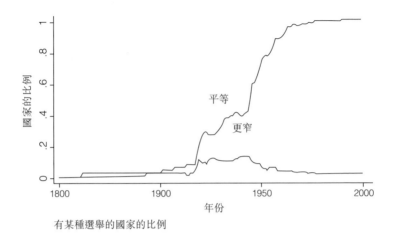

有某種選舉的國家的比例

圖 3.4　女性有選舉權的國家的比例，
範圍比男性小或者和男性一樣，1850 至 2000 年。

投票的所有國家和獨立地區中，在 20 世紀對財產、收入或者
識字的要求是目前為止最常見的，一直到二戰末期，都較男性
的普選更為常見（"成人"見表 3.3）。

　　1893[11] 年新西蘭成為第一個國家，允許女性在同樣的條
件下和男性一樣擁有選舉權，1901 年澳大利亞也跟着實行，
1907 年芬蘭，1913 年挪威。1907 年挪威、1915 年冰島、
1917 年加拿大，1918 年英國，對女性選舉權的限制要窄過男
性。到 1950 年，仍然只有一半的國家在無論何種形式的選舉

11　不包括馬恩島。儘管它的名字（Isle of Man）意思是男性的島嶼，1866 年卻允許有
　　資產的女人投票。在選舉受次國家層級規管的地方，懷俄明於 1869 年成為第一個
　　實施普選的地區。在一些國家，女性更早前就可以在自治選舉中投票：在瑞典未婚
　　婦女 1863 年就可以，在芬蘭的一些農村社區，女性 1868 年就可以投票（Törnudd
　　1968: 30）。

下，都基於和男性同樣的條件賦予女性選舉權。

　　鑒於這些不同類型的選舉資格，我們可以辨認選舉改革的出現，即這些資格在連續幾年裏有所不同。此外，我們可以辨識，因選舉改革擴展了選舉權的羣體。只是基於第 1 個數字增加的是按階層拓展的；那些基於第 2 個數字增加的是基於性別拓展的；而那些兩個數字都增加的是階層和性別都拓展了的。鑒於這些區別，有 185 個向階層的擴展（其中 155 個只對男性），70 個向性別的擴展以及 93 個向階層和性別的擴展。

　　這些擴展出現在不同時期。直到 1914 年，在 112 個實例中，選舉權都是沿着階層擴展的。而在這一時期，只有四個例子是向婦女延伸，只有兩個朝兩個方向拓展。這個時期之後，選舉權更頻繁地拓展，或者單獨朝向女性，或者同時朝向窮人和女性。

3.4　選舉性參與

　　很少有人在 18 世紀中期投票。即使有的公共部門的職位被認為應該是選舉產生的，也是常規的繼承或任命。在 1788 年新成立的美國選舉產生了第一次國會前，只有波蘭、英國和一些英屬美洲殖民地享有完全選舉的下議院。革命時期的法國和短命的波特維亞共和國（荷蘭）是唯一在 1800 年前加入此列表的國家。西班牙在 1813 年經歷了其第一次立法機構選舉，挪威在 1814 年，葡萄牙在 1820 年，新獨立的希臘在 1823 年相繼有了立法機構選舉。至少有 8 個新的拉丁美洲國家在

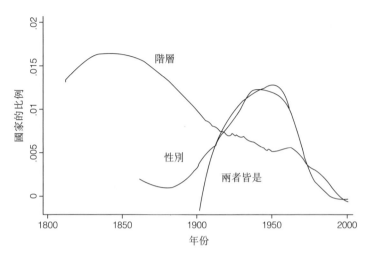

局部加權回歸散點平滑法。只列出早期推行普選的國家。

圖 3.5　不同擴展的時間點

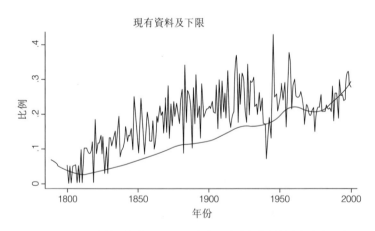

下限，局部加權回歸散點平滑法，假設沒有掌握資訊的案例沒有選舉。

圖 3.6　1800-2000 年間舉行立法選舉國家的比例。

1821 年至 1830 年間加入了這張名單，[12] 而比利時和盧森堡於 1831 年緊隨其後。 1848 和 1849 年的革命年裏，這一名單因七個新進入者而擴大。在四個拉丁美洲國家舉行第一次立法的同時，到 1850 年，至少 31 個獨立國家或境外領地至少在一次立法選舉中有投票經驗。到 1900 年，這個數字至少是 43。在第一次世界大戰中形成的大多數國家，至少在兩次世界大戰之間的部分時間裏擁有了立法機構，期間幾個境外領地也舉行了他們的第一次選舉。

這樣，隨着時間的推移，在立法會選舉中投票的人數每年都在迅速增加。 1820 年約有 100 萬人，1850 年就增加至少 250 萬人，1900 年至少增加到 2,100 萬人，1950 年增加到 12,500 萬人，到 1996 年，增加到 73,000 萬人。從 1750 年只有少數幾個，到大量的選民數以億計的爆發式增長。

圖 3.6 顯示了 1800 年至 2000 年間，每年舉行全國立法會選舉的國家和境外領地的比例。上面的曲線是基於現有資訊。這資訊在早期是向上偏置的，這是因為，這一序列將資訊可獲取的國家當作基礎，且沒有資訊的國家傾向沒有舉行選舉。相應地，下限序列是朝下偏置的，因為它是基於這樣的假設：沒

12　實際的數字可以肯定要比這個大。雖然我們沒有幾個拉丁美洲國家在這一時期的立法會選舉記錄，但我們知道，他們舉行總統選舉，而且總統由立法機構間接選舉產生。厄瓜多爾於 1830 年舉行了總統選舉，尼加拉瓜於 1825 年，但我們沒有相關的立法會選舉記錄。反過來，立法選舉可能已於 1830 年前在薩爾瓦多出現，該國於 1824 年舉行了第一次總統大選（我們只可以將第一次立法選舉追溯到 1842 年）。秘魯在 1814 年舉行了總統選舉，但我們只有其 1845 年舉行立法會選舉的記錄。注意，不擁有普通立法權的制憲大會的選舉不包含在這裏。

有獲取資訊就代表沒有選舉發生。真正的序列可能在 1900 年前跟隨在下限線的較高值上。

即使這種發現有時令種族中心感強烈的歐洲人感到驚奇，但它的確說明拉丁美洲國家比歐洲國家更早地嘗試選舉。[13] 在某種程度上，這個時機是由於拉丁美的幾個地區參加了 1809 年中央軍政府的選舉，從而產生了代議制的想法。而當時，許多歐洲國家正捲入拿破崙戰爭，選舉仍很少見。[14] 然而普及的原因是，拉丁美洲的獨立戰爭同時也針對君主的統治，而大多數歐洲國家都經歷了一個權力從君主逐步下放到議會的過程（見表 3.1）。

表 3.1：第一次全國立法選舉的時間

時間	拉丁美洲		西歐	
	國家	累積百分比	國家	累積百分比
1820	4	21.1	6	37.5
1830	12	63.2	7	43.8
1850	17	89.5	14	87.5
1870	18	94.7	16	100
總數	19	100	16	100

注：巴拿馬 1904 年才獨立。

13　Annio（1996：10）評論道，"拉丁美洲的情況在國際背景下提出了奇特早熟現象……如果我們把歐洲大西洋空間看作一個整體，顯然，拉丁美國處於前衛境地。"關於拉丁美洲早期憲法的討論，見 Gargarella（2005）。

14　Palacios 和 Moraga（2003: 147）這樣強調這些選舉的影響：雖然很有限，但 1809 年美洲中央軍政府的代議制選舉對伊比利亞現代政治體系的產生是一個關鍵時刻。

如果我們以實際選民和人口比例來定量思考選舉參與，[15]
我們分解為以下重言式：

參與 ≡ 選民 / 人口 ＝ 資格 / 人口 × 選民 / 資格

　整個重言式的條件是選舉必要有發生。"參與"是選民對
人口的比例，"資格"是有資格投票的法定人數對人口的比例，
而"投票率"就是實際投票的人數對及格選民的比例。可以這
樣表達：

參與＝合資格率 × 投票率

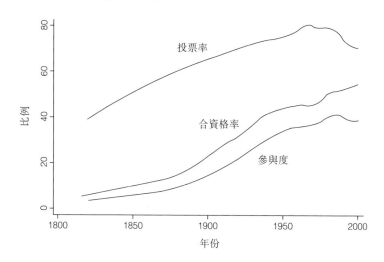

局部加權回歸散點平滑法。不一定是對同樣選舉的觀察。

圖 3.7　合資格率、投票率和參與率（1815-2000 年）

15　使用總人口作為基數，會因人口年齡增長而帶來偏差，而年齡構成的資料又是稀缺
　　的。

　　圖 3.7 顯示了投票人口 (參與) 的平均比例的趨勢,有權投票的比例 (合資格率),以及那些被允許投票的人中,實際在全國立法選舉中投票的所佔的比例 (投票率)。

　　為提供一個描述性的背景,圖 3.8 顯示了每種選舉權下的投票率。正如我們看到的,選民的組成似乎沒有影響投票率,這意味着參與主要與選民資格的範圍有關。

　　在整個期間,參與率在任何兩個連續選舉 (可獲取資訊的) [16] 之間平均增加 1.01 個百分點,合資格率增加 1.48 個百分點,而投票率卻下降了 0.16 個百分點。通過分解參與度的變化發現,平均參與度的增長完全是因為合資格率的增長:在參與度的平均增加值中 (1.01 個百分點),1.10 是因合資格率的增長,而 0.09 和投票率相關。[17] 不幸的是,這些平均值的信息量並不大,因為合資格率和投票率在不同時期有不同的變化。圖 3.9 反映參與度逐年平均變化的情況。

　　合資格率增速增長直到 1960 年左右的大規模去殖民化浪潮,當時選舉幾乎在所有國家通行,直至大約 1900 年,投票率的貢獻仍是負數的。成為正值是在 1900 年到 1978 年間,然後驟然成為負值。[18]

16　注意,這一時期可以包括政府或許未經選舉,但是並不涵蓋資料不可信的干預性選舉。

17　假設 P_t 代表參與度,E_t 代表合資格率,T_t 代表投票率:$P_t = E_t T_t$,讓 △ 代替前向差分。由於 $P_t = E_t T_t$,$\triangle P_t = \triangle T_t \times E_t + T_t \times \triangle E_t + E_t + \triangle E_t \times \triangle T_t$,或者 $\triangle P_t = T_t \times \triangle E_t + \triangle T_t \times E_t + 1$。右邊的第一個乘數是源於合資格率增長的部分;第二個乘數是源於投票率增長的部分。

18　曲線分析説明,以 1978 年劃界,不同時期的區別被最大化了。在 1978 年前,無論是截距還是斜面的區別都不顯著。但是,在 1978 年的前後這二者就明顯不同了。

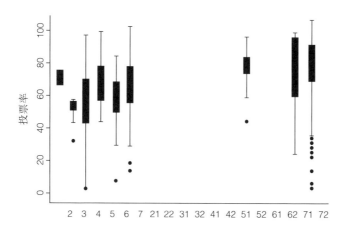

對男性而言：2.財產；3.收入和受教育水準；4.收入；5.受教育
水準；6.“獨立性”；7.普遍性。
對女性而言：第一個數位為描述適用於男性的標準。
第二個數位 =1，如果女性按更為嚴格標準來要求，第二個數位
=2，如果女性以同樣的標準要求。
一些很低的數字源於抵制。

圖 3.8　由選選資格區分的投票率

此外，1978 年之後的投票率似乎在世界範圍內下降。西
歐在 107 次的連續選舉中，平均下降率為 0.76 個百分點；經
濟合作與發展組織國家（西歐加澳洲，加拿大，日本，新西蘭，
美國）在 150 次選舉中，平均下降率為 0.68；以及在非經濟合
作與發展組織國家的 438 次選舉中，平均下降率為 0.69，包括
下降 0.44 在拉丁美洲舉行的 102 次選舉中，下降率為 0.44（見
表 3.2）。

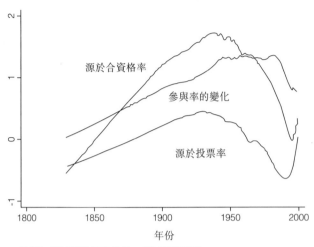

局部加權回歸散點平滑法，相同選舉系列，N=1414。

圖 3.9　關於參與度變化的分解

表 3.2：關於以年期為參與度的分解

參與度	1915 年前	1915-1977 年	1978-2000 年	總和
參與度變化	0.54	1.82	0.34	1.01
源於合資格率	0.46	1.19	1.18	1.10
源於投票率	0.09	0.63	-0.84	-0.09
N	163	676	575	1414

　　因此，即使合資格人士的投票率在增加，參與度的增長很大程度上是由規則決定的，即誰可以利用自己的權利來投票，而不是個人決定。

3.5　立法—行政關係

自治政府的理想通過代議制實現，但是何種代議制能最好地實現這一理想？儘管創始人們可以通過學術辯論，商討出最佳的代議制方案，但實際建立代議制的過程中，比起思想上的分歧，最終方案的形成更多地取決於當時的歷史條件。

除瑞士公社、意大利共和國和巴達維亞共和國之外，1789 年前的歐洲國家均實行君主制。君主的權力僅在以下幾個國家受到限制：波蘭國王的權利受憲法所限，每一位新任國王均須遵守特定的約束條款（約束條款；見 Jedrucn 1998）；1688 年後，英國君王的權利受憲法約束；1719 年至 1772 年，即所謂的自由時代期間，瑞典君主的權利也開始受限（Roberts 2002）。除以上幾個國家外，其他歐洲國家的君主則實行絕對統治（或至少不會受到正式的限制）。由於法國大革命在短期內廢除了君主制，一時間追求憲法的呼聲響徹歐洲大陸。再次從瑞典（1809 年）和挪威（1814 年）開始，幾個歐洲君主制國家紛紛改為立憲制，其中也包括法國的復辟王朝。然而，立憲制下的君主雖然美其名為有掌管的政府、任命政府達成的權利，但國家的財政大權卻握在議會的手中，這種情況在本質上是相互衝突的，因此並不穩定。由議會大多數人的判斷來決定政府工作的議會制度的發展，是個漸進且不斷反覆的過程。此外，大多數國家在將代議制寫入法律前就已經開始作相關實踐，而有些國家雖然依法實行代議制，但實際並沒有相關應用。

議會制的興起在不同國家有不同的發展軌跡。英國議會制的發展就是一個典型，它以循序漸進的方式慢慢產生變化，幾乎令人難以察覺。[19] 同樣的情況也發生在比利時、丹麥、挪威、荷蘭和瑞典等國家。在法國，議會制的發展被革命活動打斷，最終在 1877 年共和政府時期佔了上風。對於普魯士以及後來的德國（Schmitt 1993: 478-83）和澳大利亞，由於這些國家的君主制尚未被廢除，因而議會制無法得以發展。但最終，在那些君主制被保留的國家裏，君主立憲制仍會成熟以至於佔絕對上風："國王君臨天下，卻不理世俗。"

反過來看，從美國開始，越來越多國家成功推翻了宗主國或本地君王的統治，重獲自由。那麼他們便面對從零開始組建政府的問題。由於這個問題前所未有，他們完全不知道該如何去做：先例數量少且大多沒有啟發性，其中的理論藍圖過於抽象，難以借鑒。

最終，他們以實行我們今天所說的"總統制"結束了摸索，但這個選擇在當時不可謂不冒險。"總統制"雖已沿用了兩個世紀，但它仍只是個意外；它顯示了慣性的力量，或更體面地說，它顯示了"路徑依賴"的力量。事實上，推翻國王統治的法國人和推翻英國統治的美國人，都對該讓誰來替代國王位子的問題上犯了難。《聯邦條款》沒有賦予國會任何行政權力，只授權國會權力"任命為管理聯邦一般性事務而設的其他委員會和文職官員"（第九條）。1776 年，賓夕法尼亞和新罕布希爾州的憲法中沒有設立單獨的行政長官，而特拉華、南卡羅來

19　有關英國國會觀點演進的透徹分析，參 Vile（1998: 第 8 章）。

納州和新罕布希爾州則在 1784 年指定了特定領導人，稱"總統"。後來，南卡羅來納州（1778 年），賓夕法尼亞（1790 年），特拉華和新罕布希爾州（1792 年）將領導人的頭銜改為"州長"。就這樣，新罕布希爾州在 16 年間經歷了從無行政首長到擁有一個領袖，再到擁有一位州長的變化。1787 年 4 月 16 日，麥迪森試圖說服華盛頓制定新憲法，提出有必要增設一名"國家行政首長"。麥迪森並沒有提出具體的建議，只是說："對行政長官的構成方式及其應當包含的權力機關，由於尚未有完善的看法，因此我不敢冒險提出意見。"（麥迪森致華盛頓，Ketcham1986：34）。在當年的全國代表大會期間 [20]，James Mason 在 6 月 4 日指出，"我們還沒能確定行政首長的權力"；8 月 6 日的第一份憲法草案仍然規定總統由議會選出，任期七年，禁止再選。最終條款在 9 月 4 日，也就是離憲法簽署僅有 13 天的時候才塵埃落定。

儘管做了詳盡的回顧工作，但令人驚訝的是，制憲者一直未能對原來傳統君主擔當的兩大職能進行區分，即國家元首和政府首長的區別。畢竟，為了竭力防止專制政權再次產生，人民需要以某種方式來對職能進行切割。Constant（引自 Pasquin 1998: 136）在 1821 年對這些職能進行了區分："君主有兩種權力，管理權力和皇家權力……皇權至上，是中立的權威，起着減少摩擦和恢復平衡的作用……皇權只有在需要終止所有危險的衝突和保護瀕危之和諧時才進行干預。"Constant 的理念在

20　所有關於代表大會的參考文獻都是基於 Kecham（1986）收集的檔案資料。

巴西 1824 年的憲法中得以實施。憲法第五部分標題是"關於調節的權力",這一權力"是一切政治組織的關鍵";它全權授予國王為國家的最高領袖和它的首席代表"(引 Schmitt 1993: 432)。然而,非統治性的總統的構想用了近 100 年的時間,直到 1875 年才在法國憲法中得以實現,半總統制則花了更長的時間才得以實現。

當海地於 1804 年宣佈獨立,委內瑞拉於 1811 年宣佈獨立之後,其他美洲人民便接觸到君主制、集體執政、總統制三個例子。在幾個國家中,第一種執政形式是聯合或輪流的集體制。1811-1814 年的阿根廷與 1811-1812 年間的委內瑞拉皆實行三人執政。委內瑞拉和巴拉圭還短暫實行過最高行政權力輪替制。然而,法國的集體執政到那時已經不再出現,法國的經驗並未成為拉美創建者的參考。[21] 他們對費城有深刻的印象:因為 Francisco Miranda 將軍參加了美國獨立戰爭,並且他也是 1811[22] 年宣佈《委內瑞拉聯邦憲法》的核心人物。另一件突出事件則是西班牙於 1812 年通過的自由憲法——《加的斯憲法》,

---

21　毫無疑問,法國思想在拉丁美洲國家有着深遠的影響。若論起實際經驗,則沒那麼明顯。很有威望的學者 Palmer(1964),聲稱這影響可以忽略不計。然而 Soriano(1969: 34),則聲稱 Bolívar 受到法國憲法的影響。要鑒定的問題有兩個。首先,雖然一些國家最初實行集體統治,但也可能從當地市政委員會興起,而非模仿法國模式。其次,對權利的聲明可能是來自《法國宣言》和美國的《權利法案》的影響。

22　然而,有個說明,與 Miranda 的觀點不同的是,1811 年憲法規定權力在三人執政的成員之間進行輪替,而非由單一的執行官掌權(Soriano 1969: 21)。一年後,國會授予了 Miranda 非凡的權力,名為第一大元帥,然後是獨裁者。Miranda 可能是在現代第一個頭戴 "獨裁者" 稱號的人,但這個名稱還是基於羅馬的專制的概念。在 1808 年到 1809 年,Miranda 寫了 *Esquisse de gouvernement federal*,這是一個通過援引羅馬的經驗,來合理化其獨一無二的專政的藍圖(Aguilar 2000: 169)。

它保留了君主制度，但嚴重限制了君主的權力。

　　許多拉丁美洲國家在短時間內曾湧現出很多針對君主制的解決辦法。阿根廷的圖庫曼國民議會（1816）中，Belgrano 將軍提出了一個 *una monach of temperada* 建議，即君主需為印加後裔，不得為歐洲血統。San Martin 將軍也提出對君主的解決辦法（L´opez-Alves 2000: 179）。烏拉圭則提出由意大利或者英國的王子擔任君主。最後，只有巴西在 1889 年成立共和國前用了這個解決方案。墨西哥的第一個皇帝 Agustin de Iturbide 先是在位兩年，後於 1862 年至 1867 年間短暫回歸帝位。據 Rippy（1965: 89）分析，拉丁美洲國家的君主制無法成型主要由於"歐洲王室和美洲君主難以達成協定，美利堅合眾國反對美洲的國王公主很難找到，人們又不願意忍受他們從歐洲來的皇帝"。反過來，Diniz（1984: 155）則認為拉丁美洲盛行總統制主要由於"比起實現民主理想、拉丁美洲的總統制更有利於寡頭利益。"

　　總統制確實是佔了上風——最後拉丁美洲所有的政治制度，民主的或專制的，平民的或是軍人，都被總統制領導了。[23]但是，當 Bolívar 渴望將總統一職變成終身制時[24]，這一選擇變

---

[23]　總統制一詞和西班牙殖民傳統有微弱的淵源。"西班牙語總統府一詞（La Presidencia）指一個行政機構，位列總督之下，由總統領導。總統作為地方法院的一員擁有司法權。

[24]　Garcia Marquez 在《迷宮中的將軍》一書中將 Bolívar 的野心看作是拉丁美洲的原罪。Bolívar 1827 年給 Surce 的信成為預言。Bolívar 說："我已經解放了一個新的世界，但是這不等於我讓組成這個世界的國家穩定和幸福得無可挑剔。"（引自 Soriano 1969: 38）

得複雜起來。儘管解放者不敢宣稱自己擁有皇權,但是他讓大家知道他的理想是英國的君主立憲制,而他渴望不僅擁有總統的頭銜,而且成為終身的皇帝(Disurso de Angostura 1819)[25]。Bolívar 在 1825 年慷慨激昂地對玻利維亞制憲大會説,"共和國的總統,在我們的憲法中就像太陽一樣,堅定地位於中心,給宇宙以生命。這個最高權力必須是永恆的,因為在沒有等級的系統中,立法者和公民更有必要圍繞固定的點旋轉。"(Bolívar 1969: 130)。Bolívar 的君主野心令拉丁美洲人心生恐懼,促成了憲法對任期的限制。這恐懼直到 20 世紀末才消失,是拉丁美洲政治的棘手問題(De Luca 1998: 155)。最終,只有一部憲法授予總統終身制。這部憲法由 Bolívar 本人於 1826 簽發,在玻利維亞僅生效兩年,在秘魯生效的時間則更短。

雖然這些解決方案針對的是同一問題,但各有其創造性。1790 年,Francisco 在制定臨時政府計劃時呼籲議會選舉執行長官,其頭銜為"印加人"(Palacio 和 Moraga 2003: 102)。智利首兩位領導的頭銜雖然是"國家最高指揮官",但從那時起他們可能就是總統。Miranda 的第一個頭銜是大元帥。最有創意的是 Jose Gaspar Rodriguez de Francia 博士,1813 年起,他首先是四個月一換的兩位執政官中的其中之一,緊接着他做了三年的獨裁者。1816 年,他自稱是巴拉圭永久的獨裁者,隨

25　這是一個很有趣的情節。Bolívar 首先援引 Montesquieu,提出制度設計應當因地制宜以此反對學習美國,選舉產生任期制總統。但是,緊接着他説,成功地將權力、繁榮和穩定結合在一起的國家是英國。然後他開始自己的計劃:國會從你們中間選出可世襲的參議院,我將在總統的頭銜下成為英國式世襲君主。

後他作為巴拉圭的最高權力者[26]一直統治到 1840 年。雖然這聽起來只是個有趣的故事，但 Francia 的創新既激進又持久，值得與列寧發明一黨國家的創舉相提並論。説它激進是因為，當時所知的唯一獨裁模式來源於羅馬帝國，其獨裁權力是委任的、擁有突出地位和有限任期的。"永久的獨裁者"在那個時代的語言上是矛盾的。[27]而且，永久獨裁制的最後一次嘗試發生在兩千年以前，年代久遠，對 Francia 博士的命運並非好預兆。儘管如此，永久獨裁制的發明卻是很持久：Francia 為墨索里尼、希特勒、佛朗哥、金日成、卡達菲和卡斯特羅等著名紳士開了先例。[28]然而矛盾的是，鮮有拉美國家仿照這一先例。

　　大多數從各自的殖民統治中建立起政權的國家都繼承了殖民地的機構，但當非洲獨立出現一黨政權後，其中許多國家從議會制轉向總統制。雖然保留君主制的歐洲國家逐漸將國家元首和政府首腦的職能進行切割，但區分二者的綱領性思想直到 1919 年才首次在魏瑪憲法中出現。由於不得不在美國總統制和法國議會制之間作出選擇，因此德國人選擇妥協：一方面，內閣和每一位部長都信賴國民議會；另一方面，總統由人民選

26　Francia 是 Augusto Roa Bastos 寫的一部內容豐富的歷史小説《我，至高無上者》裏的主人公。然而，我在小説中無法找到對永恆獨裁者的這一概念的任何驚奇。

27　例如，當 Bolívar 想第一次辭去獨裁地位時，他被要求在以下的條件中保留任期："閣下，請繼續作為一個獨裁者，努力拯救你的祖國。一旦你做到了，然後通過建立一個民主政府來恢復充分行使主權。"關於 Bolívar 和獨裁，見 Aguilar（2000：第五章）。

28　我不將斯大林算在內，因為根據馬克思主義理論，被人格化的無產階級的專政被看作是一個過渡階段。此外，根據 1936 年蘇聯憲法，他在限期內任職。

出，並被任命為政府首長 (Schmitt 1993: 497)[29] 奧地利、芬蘭、捷克斯洛伐克、愛沙尼亞和西班牙共和國從 1931 年起在戰爭中進行了效仿。

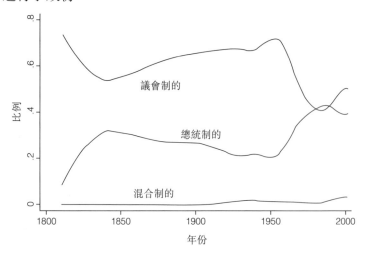

局部加權回歸散點平滑法。代議制的比例。包括所有君主制國家的議會。

圖 3.10　代議制的類型，1810 年至 2000 年

這一實驗並沒有取得很好結果，截至 1946 年，世界上只有三個國家存在着"混合制"或"半總統制"：奧地利，芬蘭（1999 年放棄）和冰島。但在 1946 年至 2002 年之間，另外 32 個國家至少在某些時期選擇了混合制 (Cheibub 2007: 45)。

圖 3.10 繪製了這些制度在一段時期的相對頻率。然而，請注意，這張圖只是大概的描述，因為它將具有立法功能的君主制也算作議會，而不管政府對議會的責任，原則上具可操作性。

29　Schmitt 認為，總統制以"君主制原則"為基礎，但他也強調直接民主的思想有助於引進直接和獨立選舉產生的總統。

第四章　平等

4.1　引言

　　對一個實行自我管理的集體來說，所有的成員必須能夠對集體的決策行使同等的影響力。所有個人或小羣體不得因為某些特別原因而更有影響力。

　　這種情況並不像它應該清楚顯現的那樣明顯。[1] 首先，平等並不意味必須承擔責任。儘管如此，它確實需要 (1) 所有成員必須有一個實質上平等的參與機會；(2) 參加成員的意見必須具有相同的分量。"實質上均等的機會"和"有權利去做"是不同的。我對"權利"一詞的用法感到厭倦了：一個實質上平等的機會不僅需要權利，還需要實現它的條件，包括最低限度的物質條件、智力條件、"體面的工作和基本的閱讀能力"。而且，即使每個人都擁有同樣的條件，個人情況差異仍可能導致不平等。因此，要令政治影響力在一個不平等的社會中實現平等，條件的不平等就不能轉變為影響力的不平等。

1　我感謝 Joshua Cohen 推動我作出説明。

　　因此定義，平等不等於匿名[2]。匿名意味着民主制度下的公民不以任何特徵作區分，包括透露出他們不平等的特徵。人們可以説一個人"富有"或"英俊"，但不會説一個公民是否富有或英俊。民主政治不考慮任何個人所具有的特質，因為這些特質與公民身份無關。但這只意味着匿名是一層罩在社會不平等之上的面紗。

　　民主制度下的公民並不平等，但是匿名的。儘管民主有主張平等的淵源，但平等不論在過去或是現在都不是民主的特點。只有在一種情況下，平等可以説是民主的特點——法律面前人人平等——這特點也是因匿名性而獲得的：法律不得不平等地對待所有公民，因為公民是無法區分的。此外，通過知識建構，匿名的規範在早期代議制中是使選舉權限制合理化的精細工具。有觀點認為代議制的作用是促進公益，但公民並不普遍具有追求公益所必須擁有的辨識公益的認知和道德品質。這些特徵可以通過一系列指標來識別，如財富、年齡、性別。因此，依靠這些指標來限制選舉權並不違反民主規範。此論點的邏輯看來無懈可擊，但其假設令人存疑，對其有質疑的大有人在。

2　正如我們所看到的那樣，社會選擇理論將平等和匿名，有時也會叫所謂對稱，當作是相同的。然而，事實上，這一條件被三個不同的詞界定就説明有歧義。可以把條件稱為"對稱"，並表述如下："第二個條件是，每個個體以相同的方式被對待，就相同於他對結果的影響。這種情況有可能被稱為匿名……更通常的標籤是"*平等*"（1952：681；斜體字是原有的）。Rae（1969：42，8 英尺）説，"匿名性和平等是密切相關的，"在另一篇文章裏，他還指這種狀況是"對稱"（Rae 1975：1271）。Dahl（1989：139）認為匿名相當於平等。

　　忽視區別不是要消滅區別。民主是政治革命,而非社會革命。此外,儘管一些人對民主恐懼、一些人對民主充滿希望,但不可否認幾乎是全人類都渴望民主。民主能適應高度經濟不平等的情況。在民主發揮作用的經濟制度中,大部分資源由市場分配。但由於市場永遠會產生或再生不平等,因此沒有任何政治制度,即使包括民主在內,能夠創造並保持完美的平等社會經濟。收入再分配着實困難。事實上,若追溯至土地為最重要的生產資料的時代,"再分配"的政治話語根本不宜提起。土地是可分並且可以家庭為單位進行利用的,但其他的生產投入都無法進行簡單的重新分配。因此,妨礙經濟平等的有可能只是純粹的技術障礙。既然任何政治制度都不能克服這些障礙,我們也不該過分指責民主制度在實現平等上的失敗。

　　然而,社會經濟不平等是能夠滲透到政治領域的。如果被忽略的特徵差異不同程度地影響了行使政治權利的能力,或如果不平等的個體發揮不同的政治影響,就違反了政治平等的前提。

　　這些論點將在下文加以闡述。

4.2　譜系：貴族與民主

　　"民主"如何在歷史長河中重新出現,而它對支持者和反對者又意味着甚麼?

　　民主在現代的產生是 Palmer (1959, 1964) 不朽著作的主題,因此有必要對這一著作簡短的總結一下。Palmer 的主要觀點是，民主不是對現有制度的革命，而是對貴族不斷增加的權力的反應。貴族先破壞了君主政體，民主緊隨其後。Palmer的觀點如下：(1) 18 世紀初，貴族制政府以各種形式被制度化，參與政府管理成為法律授權集團的特權（組成機構），這些集團包括不同地方（國家、地區、諸侯國、州、城市共和國）的世襲貴族，也有神職人員，類型較多，在瑞典甚至包括農民。(2) 隨着時間推移，這些以房產為基礎的團體增加了他們的政治影響力。(3) 與此同時，儘管貴族被限定在不同地方，但貴族圈卻變得越來越封閉。(4) 受影響的貴族制遭受了若干壓力，最為突出的問題是出身與能力之間的衝突。(5) 政治上的關鍵衝突在於，貴族制將那些擁有除出身之外所有參與資格的人（財富、才能、舉止）排除在權力之外。用 Sieyes（1970[1789]: 29）的話說，"人們告訴您'不管你工作、才能有多好，你只能走這麼遠，無法超越別人。'"(6) 民主是作為進入管理機構而出現訴求，而非反對君主制的運動。

因此，在 18 世紀末，"民主"是反對法律繼承政治狀態的口號。民主主義者是那些強烈反對貴族或貴族制的人。正如 Dunn（2003: 10）所說："民主是一種反應，最重要的不是針對君主，更不是針對暴政，而是針對另一個相對具體的社會羣體，這一羣體的根基最初雖然也很牢固，但似乎已不再與社會、經濟，甚至是政治或軍事職能相適應——這一羣體就是貴族或貴族制。民主主義者是政治戰鬥的標籤，戰鬥直指貴族，或者至少是新晉的貴族。"因此，1794 年，一個年輕英國人將自己描述為："被稱為可憎的民主主義者中的一員，因為他反對任何一類世襲的差異和特權秩序。"（Palmer 1964: 10）。
麥迪森在《聯邦黨人》第 39 號中寫道："若要證明民主制度的
共和特徵，最關鍵的證據可能是絕對禁止貴族頭銜。"在法
國，制憲會議判定，貴族特權與人民主權原則相衝突（Fontana
1993: 119）。1796 年建立的巴達維亞共和國（荷蘭），要求選
民宣誓所有繼承的官職和貴族身份都是非法的。在智利，國家
的第一任最高執政長官 O'Higgins 將軍，於 1818 年廢除了所
有外在、顯著的貴族標誌（Collier 和 Stater 1996: 42）。

　　但是這催生了一個難題。雖然民主主義者反對貴族制，無
論是反對它作為管治制度（該詞的原意），還是反對它的法律
地位，但這種鬥爭最終並未廢除其他差異。一個差異可能被另
一個替換。惡名昭著的案例就是 1791 年 5 月 3 日的《波蘭憲
法》，雖然直接反對以大地主和巨頭作為貴族的界定，但打着
維護貴族（szlachta，只佔人口的 10%）[3] 平等的旗號，保留了上
層階級的特殊法律地位。導致法律差異的社會特徵有很多種：
財產所有者和勞動者、公民與農民、不同地區的居民[4]、神職人
員和軍隊[5]，白人和黑人。然而，民主主義者也反對這些差異。
Sieyes（1970: 3）說："所有特權在本質上都是不正義的、卑鄙

3　口號是 *"Szlachcic na zagrodzie rowny wojewodzie"*，大致譯為"一個農舍裏的紳士等
　　於一個地主"。
4　Palmer（1964）強調，法國力圖消滅所有的地區差異，可美國則承認地區差異。據
　　Rosanvallon（2004: 34）稱，法國劃分地區是為了創立一個純功能性的分區，而不
　　是對應任何社會、政治或文化現實。因此，民主主義者在法國是集權主義者，在美
　　國則是分權主義者。
5　在西班牙 1812 年的憲法和之後幾個拉丁憲法中，他們的確享有特殊的地位和特權。

的、與政治社會的最高目標相互矛盾的。"貴族制的存在使任何一種社會差異都成為了社會的敵人。也是因為這樣，1798年，巴西的四個混血兒因巴伊亞州叛亂失敗而被絞死和肢解。他們被指控"希望從一切平等、不論膚色或條件差異的民主共和國獲得假想的好處"（Palmer 1964: 513）。法國大革命則解放了新教徒、猶太人和奴隸，不僅包括天主教農民。

　　Rosanvallon（2004: 121）聲稱："平等的實踐需要每個個體都成為法律主體和完整的公民，必須在事實上剝奪決定個體特殊性的重要因素，忽略個人所有的區別和優劣差異。"但平等的需求來自哪處？根據現代政治學的理性選擇理論，有人懷疑民主主義者之所以有目的地反對所有社會差異，是為了發動羣眾反對貴族。例如 Finer（1934: 85），指責孟德斯鳩"故意將公民放在所有權力的對立面，無論是國王還是貴族。這是一種便捷、顯著且行之有效的對立法。為贏得所有人的支持，這無疑是最好的計算。"一系列事實證實了這一假設：在波蘭，Tadeusz Kosciuszko 以含糊的承諾誘導農民們加入了 1794 年的反俄起義；法國國民大會則過分嘩眾取寵，試圖拉攏巴黎的普通民眾。Simon Bolívar 為抗擊西班牙，呼籲不同種族的人們都加入以壯大兵力。除此之外，不難相信民主主義者們真的信仰《獨立宣言》或《人民與公民權利宣言》所宣稱的人生而平等，對平等思想的天然追求肯定高於實際政治衝突的考慮。洛克的《第二論文》（1988 [1689-90]）闡述了這一思想："人人生而自由，擁有平等的權利，無需臣服於任何其他人的意志或權威"。人們並不會被邏輯感動，也不會因為無法忍受邏輯矛盾而採取行動。但如果認為人們可以被小說所感動，那麼民主主義者可以出於意識形態而反對其他差異：因為人人生而平等，所以貴族們不應是特殊的存在；因為人人生而平等，貴族不應享受特殊的待遇。因此，為了反抗貴族而呼籲廢除所有差異，是十分順理成章的。

事實上，民主主義者反對所有的差異。民主主義者話題的唯一特徵是沒有特徵。民主社會的公民簡直就沒有特色，[6]其特點不是平等，不是同類，只是沒有特色。正如盧梭（1964 [1762]: 129）所說：“主權[團結起來的人民]只知道國家的主體，卻不區分任何一個組織國家的人。”由於公民是無法區分的，法律就不可能通過甚麼來區分他們。民主的公民只是社會之外的個人。

4.3 民主與平等

儘管民主有講求平等的淵源，但無論在任何意義上，平等都不是民主的特徵。Pasquino（1998: 149-50）警告說，“人不應該被辭彙所困。一個沒有特點的社會是不平等的社會”，只是一個權貴不被司法承認或被廣為認知的社會罷了。”

在民主的意識形態中，平等有不同含義。人們為甚麼是平等的？人們之所以平等，可能是上帝、自然、社會或法律賦予

6　Pasquino（1996: 31）聲稱，這一概念是在宗教差異的背景下由 Hobbes 提出的。在這種衝突（宗教）面前，在 Hobbes 看來，政治秩序是建立在重疊的意見一致上，是基於將城市看作是沒有特點的社會。

的權利。平等可以是與生俱來的，也可以由自發的社會改革促成，當然也可以通過法律確認。民主平等可能是業已存在的、與政治領域無關的平等的反映，也可能通過法律強加的。

回到《宣言》，其出發點是人人生而平等。民主平等只是自然平等的一種反映，但這種自然平等的涵義是無法確定的。如 Schmitt（1993: 364）所說，"事實上，所有人是人的事實並不可能推斷出任何道德、宗教、政治或經濟情況。"即使人生而平等，但人各有優點並可以借其而使自己有別於他人，並得到他人的認可。況且，為維持秩序，一些人必須時刻對其他人行使權威。如 Kelsen（1988: 17）所闡述："從人人實現理想化平等的想法中，可以推斷出不應該有人能命令別人的結論。但恰恰相反，現實經驗告訴我們，如果想在現實中維持平等，我們就得接受命令。"

此外，即使所有的人以同樣方式降生，社會也會讓他們之間產生差異。事實上，如果他們的父母是不平等的，他們在他們出生的那一刻就是不平等的。要使他們變得平等，訴諸法律是必要的。孟德斯鳩（1995: 261）因此說："在自然狀態下人是平等的，但他們不知道如何保持這樣的平等。社會使他們失去了平等，除非通過法律，否則他們無法回歸平等。"

然而，社會必定使人們不平等嗎？Rosanvallon（1995: 149）提到，1814 年後，"民主"這個詞在法國被廣泛使用。但在當時，它意味着現代平等主義的社會，而不是與古典希臘或羅馬共和國相關的政治制度。Tocqueville 所指的是條件平等。走向社會平等的趨勢是無法避免的。以 d'Argenson 侯爵的研究為例，Tocqueville（1961: 41）評論道，"平等狀況的逐步發展⋯⋯是普遍、持久的，它每一天都在逃脫人類的干預；每一個事件都像人一般，推動自我進一步發展。"[7]

現代社會是否必須變得更加平等是一個複雜的問題。這裏的關鍵是，不是每個人都願意依賴社會自發演變來促進政治平等。Robespierre 認為，"財富平等是一種妄想"（引自 Palmer 1964: 109）。麥迪森《聯邦黨人》第 10 號列出各種社會差異和等級，認為這些差異和等級就在那裏現實存在着。多數民主主義人士不相信 Tocqueville 的觀點，即公民創造平等，而不是平等導致公民產生。Pasquino（1998: 109）總結了 Tocqueville 這個信念："公民在法律面前平等不單是因為法律不承認個別的權利或特權，更是由於法律的恩惠和法律本身變得平等。"

民主主義者堅持 Beitz（1989: 4）所稱的"政治平等的簡單概念"，即民主制度須在程式上為公民提供平等的機會以影響政治決定（或者平等的力量影響結果）。在批判這個概念時，他指出，程式為每個參與者提供了抽象的平等影響力，並不意味着對實際結果影響上的平等：後者也取決於賦能資源的分配。教育就是一種使人們具有行使公民權的手段。幾個早期的憲法（1796 年至 1799 年間意大利共和國的憲法，1812 年的卡迪斯憲法）建立了普遍、自由及非強制的教育制度。與此同時，通過將政治權利限定在有條件行使它們的人身上，從而很

7　在一篇優美的模仿作品中，Aguilar Rivera（1999）想像 Tocqueville 到訪墨西哥所說的話，他到底會對一個極端不平等的新世界有何反應。

大程度上解決了問題。然而，當在更貧窮國家裏選舉權得以普及，民主得以扎根時，問題又弔詭地出現了：人民羣眾獲得了平等的程式的機會，卻不享有利用它們的必要條件。缺乏有效的行使正式政治權利的能力，仍然是對現存民主制的核心批判。如果人們在社會上不平等，他們可以在政治上平等嗎？

但政治平等不僅容易受到社會的不平等的影響，而且很容易受到特定的政治區分的影響。根據 Schmitt（1993: 372）的看法，民主是"主導與從屬、統治與被統治、誰命令與誰服從的身份。"問題在於，管理人員是否並未產生一個區分，即一個政治階層。"政治貴族"被視為與社會貴族一樣危險。反聯邦的人擔心，如果管理者不同於被管理者，"一旦那些行使權力的人脫離羣眾時，腐敗和暴政就會蔓延。而且，對於選出的代表、國王、貴族和主教們來說這種情況可能是真的"（Ketcham 1986: 18）。因此，民主主義者很關注任期的長短（如新澤西只有短短的六個月），任期限制，禁止代表決定他們自己的薪水以及批判程式。

然而，這些都是治標不治本的權宜之計。代表與被代表之間的區分是代議制中固有的：議會裏坐着的是代表，而非人民。通過選舉而不是抽籤選擇代表的方法，是基於並非所有人都同等地具備管理才能的信念。Manin（1997）指出，選舉是基於這樣的假設，即不是人人都有必要的管治才能，人們希望被更優秀的人管理。這些才能不必與出生背景相關聯，所以，對選舉在 18 世紀時的理解不是"貴族氣派的"。然而，如 Manin 所說，選舉作為挑選優秀人才的方法，曾被認為是一種途徑，以此辨識天賦、理智或者其他被選民認為體現了管理能力的特點。

此外，要有代表，人們必須被組織起來——建立一個永久性的機構，一個受薪的官僚架構，一個宣傳機器。因此，Michelson（1962: 270）哀歎道，一些激進分子成為議員、政黨官僚、報紙編輯、政黨保險公司的管理者、政黨殯儀館的總經理，甚至政黨的酒吧侍者。作為一個幻想破滅的法國共產黨人，多年後會這樣寫到：“工人階級迷失在管理其的虛構堡壘裏。假裝成名人的同志們整日忙於城市的垃圾堆和學校食堂。還是這些名人偽裝成我們的同志？我再也不會知道。”（Konopnicki 1979: 53）。

概括地說，政治平等反映了先前存在狀態（自然的或是社會的）的看法，無論從邏輯上還是經驗基礎上來看，都是站不住腳的。從邏輯上講，先前存在於其他領域的平等並不意味着政治平等。從經驗上看，即使所有的人都是生而平等的，他們在社會上還會變得不平等。即使社會經歷了必然平等的趨勢，以前和現存的不平等仍然迫切需要從政治上加以矯正。反過來，法律制定的政治平等很大程度地被社會不平等削弱了。政治平等是國家眼中的平等，而不是人與人之間直接的關係。因此，將平等視為描述民主的正確方法是沒有意義的。如果政治制度的創始人使用了“平等”一詞，它是為了指其他的東西，更確切地說，是指忽視社會區分，或無差異。

4.4 選舉權限制是否侵犯民主意識形態？

有一個事實，似乎破壞了無差異性：限制選舉權。事實上，1789 年的《法國宣言》在第一句裏合法化了對平等的承認："人生來平等，有自由和平等的權利。社會差異只能建立在公益的基礎之上。"儘管如此，即使爭論複雜，限定選舉資格的做法沒有被提倡者描述為不平等。

看看孟德斯鳩 (1995: 155) 如何使這種區別正當化，他首先說："民主的所有不平等應該來自民主的性質和民主的原則。"他的例子是那些必須為謀生而工作，沒有能力和時間從事公職，或是不得不忽略他們自己作用的人。正如巴黎的律師們在革命的前夕那樣說："無論人們希望表現出對人類權利的哪一種尊重，不可否認存在着如此階級的人：貧窮迫使他們所受教育和從事的工種令他們此刻不能充分參與到公共事務中。"(引自 Crook 2002: 13) 在這種情況下，孟德斯鳩繼續闡釋道："為民主起見，公民之間的平等可以從民主制中取消。但取消的只是表面上的平等。"通常的說法如下：(1) 代表們是為所有人的利益而行動。(2) 為確定所有人的最佳利益，人們需要理性。(3) 理性受社會因素決定：不必為謀生而工作 (無私的)，或未受僱傭，或不附屬於其他人 ("獨立")。正如一名智利政治家在 1865 年所說，要行使政治權利，就必須"有辨識真理和美好的智慧，想獲得權力的意願，和行使權利的自由"(引自 Mazatlan Valenzuela 1995: 153)。反過來，聲稱只是表面上的平等被侵犯的觀點則建基於以下三個步驟：(1) 最好的共同利益是平等地考慮每個人的利益，這樣每個人都被平等地代表了。[8] (2) 唯一可以被承認的資格是認識和追求共同利益的能力。(3) 沒有人被禁止獲得這種資格，所以選舉對所有人都有開放的可能性。

　　最後兩點至關重要。社會地位在法律上的差異，只有被當作反映管理能力的指標時才是正當的，且沒有任何障礙可以阻止人們獲得這種能力，因而法律差異相應地被標示出來。1791年5月3日的波蘭憲法說明了民主的納稅選舉體制與帶有法律差異的非民主的政治制度之間的區別。憲法中第六段規定："地方議會的代表……應被視為'整個國家的代表'（原文斜體）"。然而，要成為可以選出國家立法機關 (*seym*) 代表的當地議會 (*seymiki*) 代表，人們不得不成為合法團體的成員，即貴族 (*szlachta*)。反過來，只有世襲貴族的成員才能擁有賦予他們政治權利的土地。[9] 因此，這不是剛才定義的納稅選舉制：(1) 它禁止未受法律認可的團體的成員參與政治；(2) 它阻止外人成為擁有土地的貴族。

　　事實上，波蘭對給貴族特權的辯護不是理性的，而是"尊重和紀念我們創建自由政府的先輩們的。"（第二條）。Simón Bolívar (1969: 19) 在1819年使用了同樣的原則，提出將世襲

8　Condorcet（1986 [1788]：212）竟然聲稱，"有產的人在立法的各個方面與無產的人擁有相同的利害關係：前者只是對民事法律和與稅收相關的法律更為關切。因此，讓他們代管和保護社會的利益沒有任何危險。"

9　根據1791年4月18日所有城鎮的法律，城市中所有人都享有貴族式的保護（最重要的是人身保護令，這可追溯到1433年的波蘭），可以就任公職（除了主教），可以擁有和買賣臨近城市的土地，他們不可以參與地區議會（Kowecki 1991）。

議員職位給予"委內瑞拉解放者們，……共和國因他們得以成立。"他在安格斯圖拉的著名演講值得關注，因為其將對理性的訴求與對不平等的接納相互結合，這成為西班牙美洲反民主立場的標誌。Bolívar 稱，大多數人並不知道自己真正的利益所在，並進一步論述説："不能將一切交給冒險的選舉。人們很容易犯錯。"他的解決方案是建立一個世襲制的參議院：未來的參議員們"將學習崇尚共和精神的藝術、科學和文字；從幼年就知道天意註定給他們的命運。"他大膽提出"建立一個世襲的參議院，一點也不違反政治平等。" [10]

相比之下，儘管 1832 年的英國選舉改革用收入標準限制了選舉權，但 Seymour（1915）是正確的，他強調改革的關鍵是使每個人都有通過獲得財富擁有取得政治權利可能性。Guizot 對反對審查的著名反駁是，"變富！"（引自 Crook 2002: 32）。贊成納税選舉權的觀點認為，社會條件的不平等令政治上不平等變得合理，但在社會上取得進步並未被任何法律禁止。因此，這一説法認為，政治上的不平等並沒有違反普世性的規範。

以宗教為基礎的政治權利限制有時也以普適性的語言表達出來，但理由並非理性，而是共同的價值觀。從盧梭和康德，到約翰·密爾，每個人都相信政體只有建立在共同的利益、規範和價值觀的基礎上才能發揮作用。在拉丁美洲，將社會粘合

10　我這樣講是因為 Bolívar 的動機是可疑的：他當時想軟化未來的參議員們批准他提出的總統世襲制。

起來的是天主教：根據 Loveman（1993: 371）研究，每 103 個拉丁美洲機構中，就有 83 個聲稱天主教是官方宗教，有 55 個禁止其他宗教信仰。雖然許多將政治權利只限於天主教徒的爭論公開地反對人民主權的原則——改變上帝的意願對人們是不好的——很多人是務實的。例如，1853 年墨西哥思想家 Lucas 主張"天主教會應該得到國家的支持，即使我們不考慮它是神聖的，因為當其他紐帶斷了之後，它是唯一連接着所有墨西哥人的共同紐帶。"（引自 Gargarella 援引 2005: 93，他還提供了其他例子。）

對女性選舉權的限制是最難解決的問題。然而，早期的女性選舉權的支持者指出，限制女性選舉權並不是因性別的界限，反對給女性投票權，主要是認為女人像孩子一樣沒有獨立性，沒有自己的意願。婦女已經被家裏的男人們所代表，而她們的利益是通過一個監護關係得以保護，而非選舉。因此，限制女性選舉權的辯護理由是獨立性，而不是性別。的確，當 19 世紀 80 年代英國的一個研究發現，幾乎二分之一的女性生活在沒有成年男性的家庭裏時，這一辯護不成立了，只剩下對女性歧視的理由阻礙了將選舉權範圍擴大至女性。

然而，為甚麼女人不能像男人一樣獨立？在婦女不能擁有財產的地方，她們就被法律禁止賦予選舉權，這將違反民主的理念。但在她們可以而且也的確擁有財產的地方，為何財產所有權不可以成為一個充分有力的指標呢？Condorcet（1986[1785]: 293）捍衛基於財產的選舉資格，他認為："婦女們即使被排除在公共職能之外，也不能作為剝奪她們擁有權力的動機。投票權很容易就可以行使，男性擁有它並非由於性別，是因為他們是有理性和明智的，而女性也具備這些特點。"智利的女權主義者聲稱"妻子們、母親們、寡婦們和女兒們，我們全都有時間和金錢為智利的幸福投入。"（引自 Mazatlan Valenzuela 1995: 156）。

由於這是一個很容易讓人陷入錯誤的問題，讓我通過一個例子來說明它。假設在一座沿海城市，颶風即將來臨時所有人都撤離，颶風遠離時都不撤離是符合每個人的利益的。一個正確的決策對每個人都有利：包括所有的男人、女人和孩子們。正確的決定只有可以解釋天象的人才能作出。這些作決定的人排除了孩子，因為決定應當由為孩子利益考慮的父母作出。雖然有些人吹毛求疵地想知道應在哪裏劃分年齡界限，但我猜大多數人今天會接受這個推理；所有當代憲法都接受。但為甚麼只有男人參與作出這個決定？如果原因是婦女被禁止在學校學習氣象課程，那讓我們追溯到 1791 年的波蘭。波蘭的女性的確學習了這些課程。現在的爭論是，即使她們有同樣的運用理性的能力，女性也總是遵循他們男性保護者的意見，而是不依賴自己的觀點。這是選舉權除與財產、收入或教育相聯繫的理由之外的另一個社會學的假設。

熊彼得（1942: 244）認為，如果有任何區分被接受，那麼作出這些區分的原則必須也被接受："突出的一點是，鑒於有關那些以及類似主題的正確觀點，因經濟地位、宗教和性別原因不合選舉資格，將與所有我們認為與民主相容的不合選舉資格的原因進入同一類別。"儘管如此，每一個區分都是基於一個特定的假設，例如，12 歲不具備投票能力——將假設與能力聯繫在一起進行推理。而且，這樣的一些假設僅僅是被掩蓋了的自我利益所驅使。今天，我們會拒絕大多數這樣的假設，雖然不是那些基於年齡或法律認證神智正常的假設。

　　若要仔細分析，不平等並不違反自治，如果 (1) 那些被排除的人的偏好與那些有權力影響集體決策的人相同；(2) 那些被選擇的決策者有明顯的決策資格。代議制各種理論的不同之處在於他們是否將實際或理想的偏好當作集體決策的依據，後者被一些規範性要求限制，比如這些要求是關乎他人的，考慮共同利益等等。[11] 很明顯，如果所有人都很自然地持有這樣的理想，區別就消失了。如果他們不這樣，就把負擔放在制度上，無論是通過對公民的教育來推動這種利他的偏好——從孟德斯鳩到約翰・密爾的共同主題——還是以通過限制選舉權或加權投票等方式，以一些特權來處理這種偏好。正如 Beitz（1989: 35）所言，約翰・密爾在 1857 年捍衛的後一個解決方案並非不公平，如果那些沒有理想化的偏好或沒有條件發展這種偏好的人們願意接受它。此外，雖然不平等，但如果每個人可以習得這樣的偏好或者獲得可以習得這樣偏好的條件，這樣的制度也可具有普世性和正當性。

　　無論人們怎麼看這個邏輯，結果卻是出身被財富替代，貴族制被寡頭政治替代。仍然只是被選擇的少數人代表所有人的利益進行統治。康涅狄格州代表 Samuel Dana 的思想非常

11　最近的一次關於這一區別的討論，可見 Ferejohn（1995）、Sunstein（1995）。

正確：社會被分為"富人、少數人、統治者，和窮人、多數人
和被統治的"（引自：Dunn 2004: 23）。法國 1795 年憲法的起
草者 Bossiy d'Anglas 宣稱："我們必須被最適合統治的人統
治……有產者統治的國家符合社會秩序，無產者統治的國家只
是自然無序。"（引自 Crook 2002: 46）。19 世紀中期哥倫比亞
的共識是"我們需要一個進步的民主，智慧和財富在其中引導
人們的命運；我們不想要一個野蠻的民主，無產主義和無知
將其中幸福的種子淹沒，將社會帶向混亂和無序"（Gutierrez
Sanin 2003: 185）。秘魯立憲主義者 Bartolomé Herrera 1946 年
宣稱制定法律的權利屬於大自然所創造的最聰明的人，屬於知
識貴族（Sobrevilla 2002: 196）。秘魯理論家 José María Pando
堅稱"永恆的貴族制……是勢在必行的需要"；委內瑞拉的
Andrés Bello 希望統治者是智者的團體（un cuerpo de sabios）；
而西班牙保守思想家 Donoso Cortés 將智者國家與人民國家
（Gargarella 2005: 120）並列。還有 Bagehot（1963: 277）在 1867
年警告：

> 必須記住的是，由下層階級組成的政治，就其本身
> 及目標而言，是最大的邪惡。下層階級的永久的政治組
> 合會使他們（由於許多已經有選舉權）在國家中的地位
> 至高無上，而這意味着在這個國家裏無知戰勝了知識，
> 數量戰勝了智慧。

對殖民主義的正當化辯護隱藏在同樣的言辭裏。自西班牙征服以來，殖民統治被這樣的説辭合理化了：野蠻的民族需要"按照自我的本性和利益要求，被文明的政權、善良的君主或國家所取代（Juan Ginés de Sepúlveda，引自 Young 1994: 59）。Cecil Rhodes 將殖民主義描述成服務於普適性利益："我們所居住的地方越多，對人類來説就越美好。"（引自 Young 1994: 89）。

雖然殖民主義並非一無是處，卻也並非完美無缺。殖民主義為很多國家留下了持續上百年的紛爭。這些新的區別很快被認為是民主未實現自身理想的證據。窮人和女人們都不認為他們的利益應該被有產的男性所代表。他們要爭取選舉權，而選舉權是一個危險的武器。

4.5　民主與財產

在一個不平等的社會裏，如果政治平等是有效的，那麼絕大多數人就有可能通過法律去平均財產或者平均財產的使用權。這是民主史上的一個核心主題，從代議制政府開始到今天一直鮮活和有爭議性。因為不同於自由或幸福，可以用來產生收入的財產總是為少數人所擁有，財產權將有損於大多數人的利益。因此，不難料到民主和財產之間的緊張關係。

兩者緊張關係的歷史可以從平均主義者開始講起，Wootton（1993: 71）認為平均主義者是最先在民族國家內思考代議制的民主主義者。雖然一直以來平均主義者都極力否認這個觀點，但他們的對手仍然擔憂平均主義者會通過重新分配

土地使人人平等。[12] 用 Harrington 的話説（1977: 460），"使用
'平均化'這個詞的人似乎認為，平均化就是一個人不斷侵佔
富人的土地和財産，並均分之。"——他們中自稱為挖掘派的
人——的確在公用地上建立了公社。

　　法國大革命期間，Babeuf 於 1795 年發佈的《庶民宣言》裏
出現了要求經濟平等的主張。革命政府沒收了教會和移民貴族
留下的土地後，並沒有重新分配給農民，而是賣給有錢的平民
（Fontana 1993: 122）。Babeuf 不想平均財產，而是想廢除財產
制："我們不打算瓜分財產，因為沒有平等的分配方法能永遠
維持平等。我們提議徹底廢除私有財產。"Babeuf 認為人都只
有一個胃，那麼每個人將自己的產品放入共有財產，並從中取
得相等份額即可。這樣一來，誰都不能佔有更多財富或擁有更
大能力。他以共同幸福原則宣揚他的共產主義計劃，宣導一個
"人人都能接受教育的，舒適、平等、自由、幸福的共同體"（引
自 Palmer 1964: 240-1）。他要求經濟平等的主張建立在道德原
則的基礎之上。Babeuf 聲稱，法律和經濟的平等是啟蒙運動
的自然結果，均受法國革命的影響。為何所有人生而平等的事
實可以為政治平等提供法律依據，卻無法為經濟平等提供法律
依據？為何理性被認為是平等的，胃口卻不可以？如果不能用
邏輯解釋這兩者的區別，那麼人們會懷疑有利益在背後作祟。
迫於經濟壓力出售自己與出於政治壓迫而聽命於人有何不同？

12　拉美國家很快提出了重新分配土地的要求，最著名的是 1810 年墨西哥的 Hidalgo
　　和 Morelos，以及 1813 年烏拉圭的 Artigas，然後是 Banda Oriental。

盧梭（1964[1762]: 154）至少認為“沒有哪個公民可以富有到買下另一個公民，也沒有哪個公民會窮到被迫出售自己。”

　　除了從道德角度考慮之外，若純粹從積極的立場思考的話，民主是能夠通過政治平等實現經濟平等的。事實上，政治與經濟平等在一些時候可以通過一個三段論進行聯繫：將普選權與多數規則相結合，使大多數人擁有政治權力。由於窮人總是佔大多數，因此富人的財物將被窮人沒收。Henry Iron 在 Putney 第一次清晰地說明關於選舉權辯論的三段論：“（男性的普選權）可能會破壞財產所有權。因為人們可能會選出一些（或至少一部分）不具有地方利益或永久利益的人。為甚麼這些人不會反對所有的財產權？”（引自 Sharp 1998: 113-14）。這一看法為法國保守派辯論家 J. Mallet 認同。他在 1796 年堅稱：“法律平等必然導致財富平等：“你希望平等的共和國處於一個因公共服務、遺產、婚姻、行業和商業等方面不平等而不平等的社會嗎？你必須推翻財產權。”（引自：Palmer 1964: 230）。

　　以上觀點經常被錯誤地引用，對此我也感到慚愧[13]。但與此相反的是，《聯邦黨人》10 號裏認為，這一結果不會在代議制民主中出現，而是會在直接民主裏出現。在指出“純粹民主”是直接統治制度後，Madison“*如此*的民主國家曾經動盪不安、爭吵不休；其個人安全與財產權無法相容；總的來說，這樣的民主存在的時間很短。暴力產生，民主也死亡。”[14] 然而，“一

13　錯誤引用包括漏掉這裏引用了的“這樣的”。比如，Hanson（1985: 57）或者 Przeworski 和 Limongi（1993: 51-69）

14　編者按，斜體字為本書作者所加。

個採取代議制的政府可以為我們提供不同的前景，為我們找尋解決的對策。"不過，幾十年後他似乎已經不太樂觀："如果無產者佔大多數，那麼對有產者始終是有威脅的。組織比個人更容易受到利益動搖……因此，財產的擁有權意味着相應的責任。"[15]

　　這個三段論一經產生便造成了對民主的恐懼和希望。保守黨同意社會主義者的看法，[16]認為民主，特別是普選，會漸漸破壞財產權。至此，僅限有產者擁有選舉權的論調，其背後自私自利的嘴臉昭然若揭：選舉權是危險的，會威脅到財產所有權。蘇格蘭哲學家 James Mackintosh 在 1818 年便預測到："勞動階級獲得選舉權必將導致意見和財產之間的永久仇恨。"（Collini、Winchi 和 Burrow 1983: 98）。李嘉圖傾向將選舉權只擴大到"對推翻財產權利不感興趣的那部分人。"（Collini、Winchi 和 Burrow 1983: 107）。1842 年，Thomas Macaulay（1900: 263）在《憲章主義者》的演講中生動地概括了普選帶來的危險：

　　　　憲章的本質是普選權。如果拒絕給予普選權，那麼其他授權全都毫無意義。如果同意給予普選權，那麼其他的拒絕也都並不重要。一旦給與普選權，那將失去整個國家……我堅信，我們的國家與普選是不相容的，普選不但與不同的政府形式不相容，而且與政府賴以存在

15　這句話 Ketcham 寫於 1821 年至 1829 年間（1986：152）。
16　根據 Rosanvallon（2004），這一特定的詞於 1834 年在法國出現。

的所有事物不相容；我堅信，普選和財產也不相容，因而與文明也不相容。

九年後，另一個政治極端論調的馬克思（1952: 62）也表達了同樣的信念，即私人財產和普選是不相容的：

> 憲法力圖延續對不同的階級（無產階級、農民和小資產階級）的社會奴役，並通過普選權讓這些階級擁有政治權利。憲法對資產階級的舊權力進行制裁，並取消了對這一權力的政治保護。它迫使資產階級政治在民主的條件下實行統治，並時刻危及到資產階級社會的根基：這一方面要求他們不能從政治邁向社會解放，另一方面他們也不能從社會倒退到政治復辟。

馬克思認為，民主不可避免地"解除階級鬥爭"：窮人利用民主沒收富人的財產；富人通過"轉讓"政治權力給永久組織起來的武裝部隊來威脅和顛覆民主。民主與資本主義的結合因此成為一種本質上不穩定的社會組織形式，"只是資產階級社會革命的政治形態，而不是社會生活的保守形式"（1934[1852]: 18），"只是一種間歇性的、特殊狀態的情況……不可能作為社會的正常形態"（1971[1872]: 198）。

馬克思認為，如若財產所有權自發地擴大，或失去財產的人因某些原因放棄沒收財產的政治權利，那麼"共和國憲法的

基本矛盾"將不會實現。[17] 另一方面，Maier（1975: 127）指出，
"如果觀察者擔心社會的提升將導致無產階級化，那麼民主發
展的趨勢將令人不安。因為這將表明……所有的民主一定會在
實際上趨向社會民主。也就是說，民主政府的出現和擴大的選
民將不可避免導致進一步的社會均等化和財產重新分配。"在
政治邏輯上，民主必將推進社會和經濟平等的思想，使其成為
社會民主的基石。正如 Beitz（1989: xvi）指出的，歷史上民主
運動的一個主要目標就是在政治領域裏尋求機會，以修正經濟
和社會中的不平等現象。

　　社會主義者選舉時總是負有其終極目標。海牙的第一國
際（國際工人協會）宣稱，"將無產階級團結成政黨，對確保社
會革命的勝利、以及廢除階級的最終目標是十分必要的。"第
一個瑞典社會主義計劃指出，"社會民主不同於其他政黨，它
渴望完全轉變資產階級社會的經濟組織，並完成工人階級的
社會解放"（Tingsten 1973: 118-19）。社會主義者中的最激進
的改革者，比如 Alexandre Millerrand 警告說："無論是誰，不
支援以激進的方式取代資本主義產權的人稱不上是社會主義
者"（引自 Ensor 1908: 51）。儘管如此，在通向這些最終目標
的道路上，社會主義者們發現了許多有利於減少社會和經濟不
平等的措施。Jean 領導的法國社會黨在 1902 年的圖爾市工人
國際代表大會上宣佈，"社會主義黨有迫切需要實現的改革計

17　比如 James Mill，挑戰對手稱"從歷史的第一頁到最後一頁中舉個例子，這一例子
　　是對財產的一般規律有敵意，或表現出對顛覆財產規律的渴望的任何國家的人民"
　　（引自：Collini、Winch、Barrow 1983: 104）。

劃，反對要麼全有要麼全無的政策。"並且例舉了 54 個具體
措施（Ensor 1908: 345）。瑞典社會民主黨人在 1897 年要求直
接徵稅，國家和市政開展生產經營活動，公共借貸，對工作條
件、老齡、疾病和意外險進行立法，以及要求純粹的政治權利
（Tingsten 1973: 119-20）。

　　Hjalmar Branting 在 1886 年指出，困擾社會民主黨人的問
題在於"如果民眾要求廢除特權，上層階級是否（將）尊重民
眾的意願？"（Tingsten 1973: 361）由大多數選民行使的人民主
權有界線嗎？如 August Bebel 在 1905 年所闡述的擔憂（引自
Schorske 1955: 43），"為保障通過選票合法化獲得的權力能順
利被行使，革命作為一個純粹的保護性措施是否真有必要？"
然而，還有一些問題是他們沒有事先考慮到的。政治上的安排
可以實現經濟平等嗎？即便上層階級同意廢除特權，平等可以
通過法律得以建立嗎？又或者，即使每個人都不願意接受，但
是否一定程度的經濟不平等根本就是無法避免的？社會民主黨
人究竟是失敗了，還是完成了所有目標？

4.6　民主與收入分配

　　根據 Dunn（2003: 22），民主驚人地從一個革命性計劃轉
變為一個保守性計劃。

　　　　在這個新的時代，民主理念的政治力量來源於這
　　樣一種結合：一方是形式性的社會平等，另一方是建立

在某種經濟不平等之動態體系，維護與衍生基礎上的實踐秩序……沒有任何人在 1750 年的時候，確實或可能將民主視為有效保護可增值財富的自然代名詞或制度形式。不過今日我們已知悉甚多。忽略某些先知先覺，那正是代議制民主長期證明了的事實。

我們應當分享他的驚人發現嗎？

我的觀點曾經是，這是一種原罪。儘管 18 世紀後半葉的民主是一個革命理念，但其所提供的革命本身卻是嚴格政治性的。在我的閱讀範圍內，民主在其開端只是一項無關經濟不平等的計劃，不管它在政治上顯得多麼革命。關於再分配或廢除私有財產的道德化主張是邊緣而短暫的。進而，通過限制普選，代議制度以寡頭制取代了貴族制。

儘管如此，普選與財富的不平等分配並存仍然是令人費解的。關於窮人將利用其多數派地位剝奪富人的演繹推理幾乎被普遍接受——在今天依然具有邏輯上的意義。考慮一下政治經濟學家熱衷的理論玩偶，中位選民模型（Meltzer and Richards 1981）：每個人要麼是勞方，要麼是資方；所有人可在最富與最窮之間被序列化。選民對所得稅之稅率進行投票。該種稅所產生的財政收入既是平等分攤給所有人的，也是平等用於公務服務的，因此稅率就獨特地決定了再分配的程度。一旦稅率確定，每個人都將通過一種分散形式來決定其用於支持生產的基金份額，從而實現效用最大化。中位選民定理主張，存在一種獨特的多數統治均衡，該均衡是帶有中位偏好之選民的選擇，而帶有中位偏好的選民正是中等收入選民。進而,當收入分配偏向右翼,亦即中位收入低於平均數時,就像各國資料顯示的那樣,多數統治均衡就會與一種後財政收入(稅收和轉移支付)上更高程度的平等相聯繫,僅僅會受到再分配重負損失的調節。

再者,對社會經濟平等的需求一如既往。儘管精英們視民主為制度機制,但大眾,至少在東歐和拉美,普遍根據"社會經濟平等"來構想民主。在智利,59% 的受訪者期待民主將會減輕社會不平等(Alaminos 1991),而在東歐將民主與社會平等相聯繫的比例從捷克斯洛伐克的 61% 到保加利亞的 88% 不等(Bruszt and Simon 1991)。人們確實期待民主可以培育社會經濟平等。因而,民主與不平等的共存現象一直是令人困惑的。

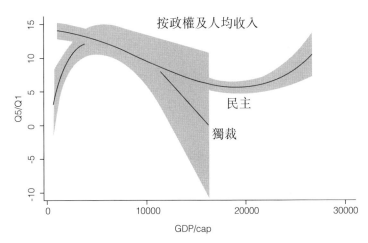

有顏色地方是 95% 的置信區間。
資料來源:Deininger 和 Squire。

圖 4.1　最富的 20% 與最窮的 20% 人口的收入比率

表 4.1　獨裁與民主體制在最富者與最窮者收入比率上的差異

變數	獨裁	民主	差異
n	93	238	
Observed	10.50	9.19	1.31
Match			3.84
2SLS			-1.25
Heckman2	11.27	10.75	0.52
Heckman1			-1.38

註：結果基於不同的遴選估計值。觀察值（Observed），指觀察到的財富值。匹配值（Match），基於 Imbens nn 匹配；2SLS 是工具變數估計值；Heckman 2，指赫克曼的兩種體制的分別回歸估計值；Heckman 1，指互動性的集合估計值。遴選模型基於人均收入和過去的民主經驗。結果回歸使用的是人均收入及其平方。

　　首先考慮一下有關事實。

　　第一，假如我們將政治體制二分為民主和獨裁，我們發現根據最富的 20% 與最窮的 20% 的人口收入比率衡量出來的不平等程度，在每一段的資產收入水準上都差異不大（參見表 4.1 和圖 4.1）[18]。需要注意的是，某些民主政體出現在高收入國家，那裏不存在獨裁。富有的民主國的偏差個案是美國，那裏高度發達卻有着異常的不平等。[19]

　　統計分析顯示，不同政體之間平均差異的估計是微小的，並不突出。

---

[18]　這裏的民主是指有反對派的選舉體制，資料來源是 ACLP 資料庫。獨裁就是非民主。有關資料來自戴寧格爾和斯奎爾（1996）；他們的研究覆蓋了 1960 年代後期，對每個國家進行了高度多樣化的調查。主要的石油輸出國並未包括在內。

[19]　根據真實的可支配收入，在布蘭德里尼和斯密丁（2008，表格 2.1）研究的 24 個高收入民主國家中，美國是最不平等的。

第二，收入分配隨着時間推移顯得出奇地平穩。最強有力的證據——儘管相對短期——來自 Li、Squire 和 Zou（1997），他們的報告指出堅尼系數高達 90% 的總體偏差可由國家間差異來解釋，而很少有國家顯示出任何時間性差異趨勢。高收入階層在 20 世紀幾乎沒有變化（Piketty 2003）。

第三，不平等的增速似乎要遠超過其減速。特別是 1982 年之後，不平等的某些增長是非常劇烈的。在波蘭，在共產主義體制下的分配是非常平等的，收入中位數對收入平均數的比率（一種衡量收入分配常態分佈的便捷方式）在 1986 年是 0.82，而 1989 年的墨西哥則是 0.59。到了 1995 年，這一比率在波蘭變為 0.62，幾乎與高度不平等的墨西哥持平。在美國，收入不平等直到 1970 年都徘徊在一個常量水準，之後快速加劇（Bartels 2008: 35）。相應地，更長期的表現顯示，當高收入者的收入份額在某些民主國家開始下降時，再分配就變得十分有限。[20] 似乎沒有哪個國家在未經歷某種大災難的條件下就快速地實現市場收入的平等化：基於多種原因的大量財產消失，比如外國佔領（日本佔領朝鮮；蘇聯佔領東歐），革命（蘇聯）、戰爭或者貧困人口的大量移入（挪威；瑞典）。

由於該議題已經火爆，各種解釋紛至沓來。[21] 我只能予以類型化列舉。

---

20 這些斷言並不矛盾：這一下降的主要原因是，戰爭和主要的經濟危機摧毀了大產業，它們由於進步主義的稅收政策而很難再次積累起來。關於高收入者份額的長期動態表現，參見 Atkinson and Piketty（2007）的文章。
21 這些解釋中的若干種出現於巴特爾（Bartels 2008）的書中，不過那本書中的故事要比這裏的清單更加複雜和細微。

　　某種類型的解釋聲稱，基於若干種理由，窮人不想將財產、收入甚或機會平等化。這些理由如下：

1. 錯誤意識，歸咎於對生產性財產和非生產性財產之區分缺乏理解。
2. 意識形態主導，歸咎於有產者的媒體所有權（Anderson 1977）。
3. 窮人間的分裂，歸咎於宗教或種族（Frank 2004; Roemer 2001）。
4. 窮人的變富期待（Benabou and Ok 2001）。
5. 對特定政策影響的資訊匱乏，甚至包括那些持有平等主義規範的人（Bartels 2008）。
6. 關於不平等只是努力而非運氣之結果的信念（Piketty 1995）。

　　另外一類解釋主張，即便多數人持有平等主義規範，形式性的政治權利也不能有效對抗私有財產。某些區分再次顯示出相關性。

1. 富人佔據政治權位，他們利用權力成功地阻止再分配（Lindblom 1977; Miliband 1970）。"權力精英"也就是經濟精英。
2. 獨立於他們的階級構成，各政黨組成的政府必須預見到再分配與增長之間的權衡關係。再分配生產性財產甚或收入對窮人而言是代價高昂的。由於面臨着喪失其財產或不能夠享受其成果的預期，財產所有者將顯得節儉並減少投資，從而減少了所有人的未來財富和收入。這一"對資本的結構性依賴"對再分配施加了一種限制，即便對那些意圖實施收入平等化的政府亦如是（Przeworski and Wallerstein 1988）。

上述諸種解釋在暴露於反對觀點和證據時無不有所減損。從個人角度而言，我並不接受關於窮人不想過得更好的主張，即便該種處置是以富人為代價的。相應地，再分配與增長之間的關係在理論上是充滿爭議的，而經驗證據又是非結論性的（Banerjee and Dufflo 2003）。某些形式的再分配——採取教育補貼或針對信用受限者的投資補貼的形式——顯然是促進增長的。當然，純粹的消費性再分配可能是阻礙增長的。

不過整個這種思維方式面臨着一個惱人的事實，即許多政府都是在窮人支持下當選的，希望實施收入平等化而且也嘗試做了。因此，在它們的計劃失敗的範圍內，一定存在着不想做或未嘗試做之外的其他原因。由於我們正在探求民主的局限性，相關觀點就必須審慎地予以發展。

首先要注意的是，存在着收入平等化的不同方式。一種方式是對市場收入徵稅並資助窮人的消費或者將財政收入開支在等值的公共消費品上。這正是許多政府的作為，只是程度有別；再分配在左翼政府執政下更為廣泛（關於此類資訊及討論，參見 Beramendi and Anderson 2008）。當然，通過稅收和

轉移支付 ("財政") 的再分配並未減少收入能力上的根本不平等。這種政策資助私人或公共消費但卻對收入潛能影響甚微。因而，這種再分配必須不斷實施，年復一年，只是達到減緩收入不平等的目的。由於該政策無論是激勵影響還是單純的行政成本，都是代價高昂的，因此它應當是一種應急性而不是永久性的解決方案。

第二種收入平等化的機制是收入潛能的平等化。由於收入產生自使用生產性資產的各種努力——無論是土地、人力資本、教育還是技能——為了實現收入能力的平等化，我們就必須根據這些資產的分配來思考。

但是在現代社會有哪些資產可以平等化呢？當財產平等的觀念首次出現時，生產性資產就是指土地。土地是相對易於再分配的。將土地從一些人手中轉交到另一些人手中就可以了。因此，土地改革在世界歷史上就是很常見的：僅僅在 1946 至 2000 年間就有 175 次土地改革涉及再分配。當然，如今的土地分配在產生收入不平等方面只扮演相對次要的角色。相應地，其他資產抵制這種簡單化的再分配操作。

第一，共產主義者通過將工業資本國有化及承諾將非投資性利潤，平等用於民生的方式實現再分配。儘管這一制度產生了一定程度的平等——基於種種原因不能在這裏討論——但卻表現為無效率：它抑制創新和技術進步。

第二，亦即替代性方案，是國家可以股份的形式再分配財產權利。當然，這種再分配形式有其自身的問題。其一，就像捷克私有化經驗揭示的那樣，被分配的股份可以而且很有可能再次快速集中起來。更貧窮的人們會將股份賣給那些富人。其二，所有權主體的分散化拉低了股東對經理人的監督激勵。儘管某些針對該問題的解決方案已被提出，但似乎效用不彰。

第三，許多國家通過教育投資實現個人資本的平等化。儘管如此，承受同等教育系統的人們因其不同的社會經濟背景而獲得了不同的收入能力。進而，由於人們生有不同天賦，而天賦之利用具有社會效用，因此我們更願意教育那些有天賦的人。

第四，也是最後一點，收入能力可經由具體政策而產生，這些政策限定於指向窮人生產效率的提升（"反貧困增長"），比如放鬆信用限制，特別技能培訓，對必要基礎設施的補貼，對窮人最易罹患之疾病的聚焦治療等等。當然，這些政策需要一種高水準的診斷需求與定位政策的行政能力。

因此，實現生產性資產的平等化，即便純粹基於技術性理由，而不是政治或經濟理由，也是困難的。

更進一步，即便實現了生產性資產的平等化，完美的平等狀態在市場經濟中也是難以持續的。通過詢問"法律如何在民主政體中建立平等？"——第 5 卷之第 5 章的標題——孟德斯鳩（1995: 151-5）將之作為其關於土地與平等之分離論的要點。他隨後繼續寫道：

> 當立法者劃定此一界限，如果他不能提供據以守護的法律，而僅僅是制定了一部短暫適用的憲法；不平等就會從法律未加防守的側邊滲透進來，而共和國也就會

消失。因此，儘管真正的平等是國家的靈魂，但建立它實在太難，這一層面上的某種極端嚴酷體制並非總是便利得當。為了將差異降低到某個點，從而利用法律將不平等予以平等化，通過對富人施加收費和對窮人施加救助就已足夠。

請記住，Babeuf 確信，財產的再分配並不能解決不平等問題，"因為沒有甚麼平等的界限會與世長存。"假定生產性資產已被平等化。每個人仍然有着將該種資產轉化為收入的不同且未被覺察的能力。再者，他們還受制於個人運氣的興衰變遷。假定特定的個體（或其選定的具體項目）承受着差異微小的回報率：某些人每年損失 2%，而另一些人每年贏利 2%。25 年後每年獲利 2% 的人要比每年損失 2% 的人富有 2.7 倍，50 年後（假定從 18 歲到 68 歲）這個倍數將是 7.4。[22] 因此，即便生產性資產被平等化了，不平等仍然會透迤而入。[23]

該議題——在下一章還將會討論到——在某種程度就是，再分配選擇是受到嚴格限制的，因為選舉競爭的邏輯推動着政黨去提供和追求類似的政策；而在某種程度上也是，很少有政府能夠實際做到。這個問題很重要，因為它影響到我們對民主的判斷。假定經濟不平等可以在不減少未來收入的條件下，被

22　關於年回報率在時間上與每個人相關的假定反映了這樣一個事實，即人們在未被覺察的特性上存在差異，這些特性影響到了他們利用生產性資產的能力。

23　關於這一觀點的不同版本，參見 Mookherjee and Ray（2008）和 Benhabib and Bisin（2008）。

降低至當前發達民主國家水平線之下，而它未被降低，僅僅是由於民主的某些制度性特徵，無論人們如何看待這些特徵。顯然，當我們轉向選擇平等時，這一權衡就取決於我們不得不予以放棄的其他價值。不過，似乎並不存在這種權衡。某種程度的經濟不平等是難以避免的。民主對抗經濟不平等是無力的，不過任何其他可設想的政治安排也同樣無力。試想一下巴西：在過去兩個世紀裏相繼經歷過殖民地、獨立的君主制、寡頭制共和國、民粹主義的軍事獨裁、弱總統的民主制、右翼軍事獨裁以及強總統的君主制。儘管如此，根據我們的全部知識，那裏的收入分配沒甚麼變化。即便是共產主義者，他們要求平等化一切，而且也確實以公有制形式對各種資產予以平等化，但也不得不容忍源自不同天賦和動機的不平等。對平等的追求局限重重。

　　這並不是在呼籲清靜無為。除非政府不斷打擊不平等、除非政府在保護窮人，並將生產性資源轉移給收入能力低下者方面保持積極，否則不平等始終有抬頭之勢。就像新自由主義實驗顯示的那樣，當政府不能扮演這一角色時，不平等的興起就會特別快速。再者，經濟不平等的程度在若干民主國家都是駭人聽聞的。在當代民主國家中，最富者和最窮者之收入份額的比率——或許是不平等的最直觀性的衡量指標了——從芬蘭、比利時、西班牙和南韓的不到 6 一直到巴西和秘魯的 33。即便是比率為 6 也仍然很高：這意味着在一個平均收入為 15,000 美元的國家（根據 1995 年購買力平價計算，大致屬於這些國家的平均水準），一個最富者的收入為 27,000 美元，而一個最窮者的收入僅有 4,500 美元。絕大多數的西班牙和南韓受訪者認為這種不平等是過度的。進而,許多拉美民主國家與更平等的歐洲民主國家之間的差距也是顯著的。即便民主本身對這些限制全力開戰,許多民主國家也無法遠離這些限制。

4.7　終結循環

民主是平等對待所有參與者的一種機制。儘管如此,當不平等的個體被平等對待時,他們對集體決策的影響力仍然是不平等的。想像一下籃球比賽。有兩個隊,完全普適的規則以及對這些規則的公正適用者。不過,一個隊的隊員平均身高為 7 英呎,而另一個隊剛剛超過 5 英呎。比賽的結果早就預定了。比賽的規則對每個人平等對待,但這僅僅意味着比賽的結果取決於參與者帶來的資源。

在針對"資產階級法權"的嚴厲批判中,馬克思(1844)描繪了普適規則與不平等來源的二元性:

> 當國家宣佈出生、社會等級、教育、職業是非政治的差別且宣稱該民族的每一分子不論這些差別如何都是民族主權的平等參與者時,它就以自身的方式廢除了這些差別……儘管如此,國家仍然允許私有財產、教育、職業以其自身的方式發揮作用——例如作為私有財產、教育和職業而釋放出特別性質的影響力。

從那時起，這種二元性不斷地被診斷出來。印度 1950 年憲法起草委員會主席 B. R. Ambedkar（引自 Guha 2008: 133）將未來的印度共和國視為進入了一種"矛盾生活"：

> 在政治上，我們將承認一人一票和一票一值的原則。在我們的社會與經濟生活中，由於我們社會與經濟結構的原因，我們將繼續否認一人一值的原則。我們要繼續生活在這種矛盾生活中多久？我們要繼續在社會與經濟生活中否認平等多久？如果我們長期予以否認，我們就只是將政治民主置於險地。

社會經濟不平等是如何轉變為政治不平等的呢？難道社會經濟不平等不能通過規制措施或窮人的政治組織化予以減緩嗎？

不幸的是，我們關於非政治資源——我狹義地聚焦於金錢——在形塑政治結果方面之作用的知識十分匱乏。由全國國際事務民主研究院對 22 個國家實施的調查（Bryan and Baer 2005: 3）的一個總體結論是："政黨或競選中的金錢細節鮮為人知。政黨財務類型是極端不透明的。"在很大程度上，這一知識匱乏歸咎於如下現象的屬性：無論合法與否，金錢都是以有意不透明的方式滲透進政治的。進而，即便在資訊可獲得的情況下，財務資源影響具體政策的有關機制也是難於識別的。

提綱挈領地講，人們可能認為金錢扭曲了民主過程的結果，如果：(1) 窮人更少參與投票；(2) 政治捐款影響到政黨提出的綱領；(3) 競選資助影響到個體的投票決定；(4) 政治捐款影響到立法過程；或者 (5) 賄賂影響到官僚決策或司法決策。我相應地來討論這些影響渠道。

在美國之外，投票率中的階層差異——收入或教育——很小。根據 Anduiza（1999: 102）對 14 個西歐國家報告資料的重新核算顯示，最富者和最強者之投票率的平均差異只有 6%。法國的差異最大，達到 16.4%。根據 Norris（2002: 93-4）對 22 個國家彙集資料的分析，最富者與最窮者的投票率差異為 9.6%，但這一樣本包括了美國。Norris（2004: 174）1996 年對 31 個國家的資料分析——包括美國——顯示這一差異為 8%。將目光從歐洲及其富裕的後裔國家移開，關注更貧窮的那些國家，結果再次顯示收入對投票率的影響不大。Yadav（2002）發現，在 1990 年代的印度選舉中，坐着定時開篷車的人和已登記部族的投票率要遠高於那些富人；這一發現被克里斯納（Krishna 2008）在印度北部農村裏予以證實。布拉頓（Bratton 2008）利用來自"非洲晴雨表"（Afrobarometer）[24] 的關於非洲 15 國的資料發現，窮人某種意義上要比富人更積極地投票。Booth and Seligson（2008）報告顯示，在一項關於中美洲 6 國加上墨西哥和哥倫比亞的匯集分析中，投票率與收入無關。美國是一個顯著的例外：根據 Verba, Schlozman and Brady（1995: 190）的分析，收入達到 75,000 美元或更高的人羣有 86% 參與

24　"非洲晴雨表"是由南非民主研究所、加納民主發展研究中心和美國密歇根州立大學合作進行的針對撒哈拉以南非洲地區經濟、政治、社會事務的長期研究專案，其研究資料均通過到戶訪談方式收集。——譯者註

投票，而收入低於 15,000 美元的人羣只有 50% 參與投票。

　　教育的影響在各國之間分別更大。Bratton（2008）以及 Booth and Seligson（2008）發現，受過教育者某種意義上在各自區域裏更加積極地參與投票。Norris（2002: 93-4）估算出大學畢業生與高中失學者的投票率差異為 9.5%，而她 1996 年的 31 國樣本顯示差異為 14%（2004: 175）。不過，諾里斯強調在西歐教育對投票率沒甚麼影響。Anduiza（1999: 99）的資料顯示，在歐洲 15 國中教育"高低"人羣的投票率差異僅有 2.3%，其中在 6 個國家裏低教育人羣的投票率高於高教育人羣。偏向高教育人羣的最大差異是在瑞士，這是一個例外，高達 19.2%。Goodrich and Nagler（2006）的資料顯示，在不包括美國在內的 15 國中，教育高低人羣的平均投票率差異為 8.3%，其中瑞士再次高達 22.7%。他們的觀察同樣顯示出了美國的差異：高達 39.6%。

　　因此，總體來看，似乎窮人的投票率並不明顯低於富人。如今，以下現象或許是真實的，即許多窮人投票交換那些富人候選人的侍從型照顧，後者一旦當選將會比窮人羣體自身的候選人更好地追求窮人的利益（Bratton 2008; Gallego 2009）。因此，窮人的高投票率並不必然意味金錢是無關緊要的。事實上，根據 Bryan 和 Baer（2005: 13）對 22 個國家的研究，有一半的競選開支來自於"私人基金"，不管其具體來自何方，人們可以懷疑這些開支並不是利益中性的。儘管如此，事實依然是，除了美國，階層和投票率之間的關聯還是微弱的。

　　政治捐款對政黨綱領、個人投票決定以及立法過程的影響是難以識別的。考慮一下不同但並非互斥的可能性：(1) 特殊利益集團或遊說者利用政治捐款去影響政黨綱領。如果某個利益集團成功說服所有主要政黨接受了它所偏好的政策計劃，那麼它就不在意哪個政黨獲勝，也不需要精心設計政治捐款來影響選民。再者，如果某個遊說者與某個政黨成功建立起了一種長期聯繫，那麼它也不需要對每次影響到其利益的立法議題之投票加以收買。(2) 候選人有不同的政策偏好。特殊利益集團猜測着誰傾向於甚麼。他們支援那些其立場將會導向特殊利益集團方向的候選人。競選資金用於買票。一旦當選上任，當選者就會追求他們偏向的政策，從而提升了某些特殊利益集團之利益。(3) 特殊利益集團在"現貨市場"上購買立法，亦即它們捐助具體立法者以換取後者投票支持某些特定的立法檔。

Grossman 和 Helpman (2001) 嘗試在美國語境中區分購買綱領時的金錢角色和購買選票時的金錢角色。在他們的模型中，政黨最大化的是贏得多數席位的可能性，而特殊利益集團最大化的是其成員的福利。請注意，選民分為兩種類型：策略型選民最大化其可期待的利益，而印象型選民則受到競選宣傳的傾向性影響。特殊利益集團作出政治捐款，政治家選擇具體政策，而選民進行投票，但也不必然是此一順序，因為政治捐款可以扮演雙重角色。捐款可以在競選早期使用以誘導政黨宣佈有利於特殊利益集團的綱領，或者捐款也可在綱領已被宣佈的條件下，使用以引導選民投票給最接近特殊利益集團的政黨。如果只有一個利益集團，結論如下：(1) 為了影響政黨綱領，該集團需要同時捐助兩黨，對更有機會獲勝的黨捐助更多；(2a) 如果不同政黨綱領相同，該集團就會對哪個政黨獲勝反應冷淡，捐款也不會增加；(2b) 如果最終綱領不同，那麼該集團就要追加捐款以幫助選舉領先的政黨。"總之"，Grossman 和 Helpman（2001: 339）總結到，"捐款導致政策結果偏離了公共利益，無論是以影響政黨立場的方式，還是以打破選舉僵局的方式。"選舉動機——捐款被設計來引導選舉朝向所宣佈之綱領與特殊利益集團之偏好更接近的方向——在多個利益集團競爭影響力時甚至顯得更為微弱，因為每個集團都可以搭上其他集團捐款的便車。最後，綱領反映了捐款並偏離了一般選民的福利。政黨之行為就如同是在最大化基於競選捐款和策略投票者加總福利的利益權重。

對金錢影響的經驗研究幾乎排他性地限定於美國，且產生了多樣化的結果，通常顯示出金錢影響甚微（Stratman 2005）。這些研究的困難在於難以識別兩對關係中的因果關係方向：第一，到底政黨（候選人）獲勝是因為它們花了更多錢，還是它們有很多錢花是因為它們被期待會獲勝？第二，到底立法者為特殊利益集團投票是因為他們接受了捐款，還是他們接受了捐款是因為他們被視為與特殊利益集團之利益偏好相互一致？總之，我們知道獲勝者比落敗者在競選中多花了錢，而立法者更傾向於投票支持那些他們得到了相應捐款的利益集團，至於產生這些對應性的具體機制仍然模糊不清。

關於透明度、公共捐助和私人捐助的規制在各國之間差異很大。Pierre、Svasand 和 Wildfeldt（2000）報告稱，1989年國家資助在西歐政黨總收入中的比重從奧地利的 25.1% 到芬蘭的 84.2% 不等。根據 IDEA（www.idea.int/parties/finance）的統計分析，2002 年在 116 個可獲得資訊的國家中，有 75 國存在着某種形式的政治資助規制，而有 41 國沒有任何規制。再者，59 國有要求政黨捐款披露的條款，而 52 國無此要求。大部分國家允許私人捐款，甚至包括政府合同締約方（86 國允許；27 國不允許）。相應地，83 國存在某種針對政黨的直接性公共資助，而 41 國沒有；81 國在選舉競選期間政黨可獲得免費的電視播出時間，而 34 國沒有。另一來源（http://aceproject.org）的報告則顯示，156 國允許私人捐助而 28 國不允許，同時 106 國提供直接公共資助，110 國提供間接公共資助而 46 國不提供。請注意，沒有哪一種反對公共資助的觀點——公共資助導致政黨依賴國家，導致政黨系統麻木，導致成員動員上的冷淡——至少在西歐語境下站得住腳（Pierre, Svasand and Widfeldt 2000）。

以我的閱歷，似乎還沒有關於這些規制體制對政策結果之影響的比較研究，儘管存在如下主張：競選財政在諸如荷蘭、丹麥或瑞典這樣的國家作用甚微，而在意大利、英國和美國則作用顯著（Prat 1999）。再者，規制也並非實現經濟不平等羣體之政治影響力平等的唯一途徑。在那些窮人經由與強大工會相聯繫之政黨而組織化的國家，政治遊戲場似乎更加平等。

腐敗醜聞充斥其間：裝滿現金的手提箱在總理辦公室內被發現；政府合同被分給由政府部長們共有的工廠；內幕交易猖獗不堪；政黨被發現在瑞士開有賬戶；地方政府與開發商之間存在着系統化的賄賂安排；這個清單還很長。更進一步，這些

醜聞絕不僅僅限於欠發達國家或新生民主國家；這些例子來自
德國、西班牙、法國、意大利和比利時。儘管如此，將金錢的
政治角色化約為腐敗事例的做法還是很有誤導性的，而且在政
治上也是誤區。由於被概念化為"腐敗"，金錢的影響變成了
非常事物，超出一般情形。我們被告知，當特殊利益集團賄賂
立法者或政府時，民主就被腐蝕了——而當特殊利益集團提供
合法政治捐款時，就沒必要指責甚麼了。英國人在 18 世紀後
期理解到，"影響"不過是"腐敗"的委婉說法，但當代政治科
學選擇忽略這一教誨。為了生存並參與選舉，政黨需要錢；因
為選舉結果對私人利益重要，它們懂得尋求與政黨友好並影響
選舉結果：政治競爭的這一邏輯不可動搖。同樣的行為在某些
國家合法而在某些政治制度下非法——美國政治資助的諸多實
踐在若干其他民主國家將構成腐敗——這是極為次要的。在經
濟不平等的社會裏，金錢造成的政治腐敗是民主的一個結構性
特徵。

　　假定存在系統性知識的匱乏以及在金錢通向政治之具體機
制區分上的困難，具體結論就是有待觀察的。儘管金錢通向政
治的途徑可以在某種程度上獲得規制，但金錢卻有着無窮盡的
方式滲透進政治。規制固然可以減輕政治不平等反映經濟不平
等的程度，但私有財產、教育或職業的影響不可能完全根除。
規制可以在某種程度上實現遊戲場的平等化，但設計上有利於
當前落敗者的規制方案不大可能被正在掌權的獲勝者接受。
進而，規制還可能產生不正當的後果。比如，Stratman（2005:
140）指出，如果金錢對在任者的選票影響較小而對挑戰者的

選票影響甚大，則對競選開支的限制將有利於在任者。相應地，如果競選開支的邊際差異對選票份額有重大影響，則開支限制將有利於未暴露的騙子。

　　在經濟不平等的社會裏，完美的政治平等是不可能的。不過，民主國家在承擔其政治平等義務方面不可能失敗。即便某些政治不平等是不可避免的，即便我們並不特別理解經濟資源到底是如何影響政治結果的，金錢的腐蝕性影響肯定是民主的災星。

第五章 選擇和參與

5.1 引言

自治通過選舉來實踐。集體決策過程間接運行：公民選擇政黨或候選人，授權後者代表集體作出決策。

即便不同選舉競爭者提供了細緻的政策提議，我指的是"綱領"，選民能夠進行的其他選擇也只是被提議的那些政策綱領。並非所有可能、甚或可行的選項都會遵從於集體選擇。提交給選民的有關選項並不包含全體公民的理想性要點，後者可能是公民最鍾情的替代選項。具體選項的數目必然是有限的，因此假如選民在最鍾情發生的選項上是高度分化的，那麼有些人就可能發現他們的偏好，即便與擬議中最接近的綱領之間，也相距甚遠。更進一步，選舉競爭不可避免地推動各政黨——至少是那些希望獲勝且有望獲勝的政黨——提出類似的綱領。結果就是，在選舉中呈現的選項是粗劣不堪的：選擇餘地寥寥無幾，所提出的決策範圍微不足道。事實上，如果選舉果真被描述為這樣一種作為選舉分析工具的模型——中間選民模型，其中兩個政黨向同一綱領集中——那麼個體選民就將毫無選擇餘地。

如今，人們可能認為，如果選民沒有獲得選擇的機會，他們就沒有決定任何事情。Bobbio（1987: 25）在其最低限度的民主定義中至少包括了這樣的條件："那些被號召作出決策或選舉決策者的人，必須被提供某些真正的選項。"（Dunn 2000: 146-7）同樣強調了選擇的重要性："在這一點上的現狀更加貌似這樣一種結構，即最低參與性的公民團體據此……從呈遞給他們的粗劣選項中選出了他們希望會最佳服務於其利益的人選。在該種選擇中，選項範圍的粗劣性總是很重要的，有時甚至是絕對攸關的。"儘管如此，即便個體選民在選舉時刻未有任何選擇，集體仍在做出決定。再次考慮一下中間選民模型，其中為選民完全知曉的兩個政黨在一場聚焦諸如稅率這樣的單一議題的選舉中展開競爭。即便兩黨代表截然相反的利益，為了取勝，它們也必須取悅決定性選民。於是，兩黨提出了相同的綱領，提議採取決定性選民希望它們採取的政策（Downs 1957, Roemer 2001）。儘管如此，決定性選民並非獨裁者；他們具有決定性僅僅取決於其他每個人的偏好。即便選民沒有任何選擇，由集體作出的決策還是反映了個體偏好的分佈。假如這種分佈是不同的，那麼源自選舉的集體決策也會是不同的。

因此，即使個體在投票時沒有選擇機會，這種選擇上的缺失也並未使自治失效。事實上，一種選擇已被作出。各政黨解讀所有公民的偏好並比較每一種偏好的數字支援[1]——此外，

1　人們不必假定人民的偏好是獨立於各政黨提議的，只需要注意到，各政黨預測在所言所行都付諸實踐之後，人民將如何針對每一種綱領進行投票。

一旦各政黨在多個備選項中計算出了哪個會是主要獲勝項，在選舉時刻它們就會告訴選民：“這就是我們中的多數人的願望。我們作為公民，已作出選擇，這就是我們的選項。”

不過，許多人似乎反對以這種方式作出的集體決策。他們希望被提供多種選項，有能力投出選票並從中作出選擇。無法說出這種不滿有多麼普遍。至少存在一些聲音對這種選擇上的粗劣性大表哀歎。他們似乎更看重獨立於結果的選擇本身。這種反應只是源自對選舉機制缺乏理解，但該反應並不能使事態有任何緩和。我們為何會有如下的長年抱怨：“彼此彼此”或“半斤八兩”？尚不清楚的是，人們反對到底是因為更看重選擇本身，還是因為不喜歡來自包含不同因素之加總偏好的特定集體決策結果。人們反對的到底是缺少選擇機會還是具體選擇結果？

再者，即便選民確實面對着各種選項——事實上各政黨並未提供完全一致的綱領——我們中也沒有人能夠孤立地導致某種特定選項被選擇。全體一致標準承諾了對集體中的每個成員與每個部分的因果效力，而曾經使用這一規則的唯一的人民，即 1652-1791 年間的波蘭人，對此辯護甚力，直到 1795 年波蘭亡國（Jedruch 1998）。對有效參與的懷舊持續縈繞着諸多現代民主國家，但除了全體一致規則之外沒有甚麼集體決策規則能夠實現平等個體參與的因果效力。集體自治並不是在每個選民對最終結果都存在原因性影響時取得的，而是在集體選擇作為個體意志加總結果時實現的。

5.2　選舉中的選擇

民主派應當看重選擇嗎？為了研究這一問題，我們需要一種概念工具。假定每個選民在某個特定領域都有一種理想性政策：現在設想這一理想性要點代表着允許墮胎的月份數。那麼每個選民只有在如下條件下才能夠為自身的最高偏好投票：存在與選民中多樣化理想性要點一樣多的競爭性政黨。不過選民們會意識到他們必須作出某種妥協。只要有一種綱領與其偏好充分接近，他們就會視之為自己的綱領。例如，設定 7 位選民的理想性要點組合為 {1, 2, 3, 3, 4, 4, 5} 並假定這些選民自視被如下候選人所代表：立場偏差不超過 1 個單位（月）。假定有兩個政黨，綱領組合為 {2, 4}。選項中的 "2" 可以滿足前 4 位選民，而 "4" 則可以滿足後 5 位選民。兩種綱領就代表了全部 7 位選民及其 5 種不同的理想性要點。

如該例所示，能夠對某人感覺相接近的綱領投票並不要求每個人的最高偏好都出現於所提議的綱領之中。不過，即便選民在將某些選項視同己身時，願意容忍立場有所差距，政策綱領的數目在選民本身高度分化時也必須相應增加。例如，假設選民的理想性要點是 {1, 2, 3, 4, 5, 6, 7}，三種綱領 {2, 5, 6} 就可滿足全部選民要求，使其感受到自身偏好被納入了給他們的相關選項中。

考慮一下 2002 年的法國總統選舉，其中 16 名候選人參與了第一輪角逐。那些無論說甚麼都無機會勝出的候選人實際上陳述了許多，從 "停止全球化" 到 "在地方選舉中給予外國人以投票權”到“允許狩獵”再到“驅逐所有移民”，而兩位主要候選人則將自身限定於陳述諸如這樣的口號“青年人是法國的笑臉。”標準政治科學認為對無希望勝出者的支援票是“表現性的”，而不是“重要的”，主張這種行為存在某些非理性因素。事實上，投票支持極端候選人的選民中只有約 20% 希望他們真的成為總統。不過這些選票也可作不同解讀。無論最終誰統治都必須考慮各種偏好的完整分佈，包括某些人具有極端觀點這個事實。因此，即便投票支持少數派候選人並未影響到誰來統治，但卻可能影響到他們如何統治。在此意義上，該行為也是重要的。

即使這些投票是無助的，單單它們被投出這一事實，本身就構成了一種初步證據，即有些選民看重這個機會。法國的故事強調了選擇據以產生的過程的重要性。因為在法國進入選舉第一輪的門檻很低，任何候選人只要享有一定的公眾支持就能夠進入給選民的選項列表。然而這一點在許多其他民主國家並非如此，尤其是美國，那裏的政治或許是最具保護性的產業。當某人的偏好不被集體選擇機會的組合承認時，他就被排除出政治共同體了。即便那些理想性要點被納入的人基於策略性原因不投票給第一選擇，他們也是能決定如何投票的人。選民應當決定到底是最大化利用手中的選票，還是以一種無助性的方式來表達自身偏好。當選擇本身受限時，他們就被否認了這一機會。這就是為何組黨自由是一種空洞的自由，除非政黨已實際形成。

雖然如此，由於各政黨知曉如果它們提出受少數選民支持的綱領就不能勝選,所以即便在多黨制下也會存在着某些理想性要點不被政黨提議的情況。政黨只能提供沒有多少選擇的平台給選民之原因,潛藏於選舉競爭本身。人們可以通過不同方式來思考選舉的邏輯。一種最簡潔、最有影響,同時也最不似是而非的觀點就是,僅僅關注勝選結果的兩黨會在單一議題維度展開競爭,該維度充分體現了選民之理想性偏好的分佈。在此條件下,各政黨集中於相同的綱領,獲勝者如同擲硬幣一樣被選出。當選民有着支持某一政黨的怪異性意識形態偏好時,情形亦然,只不過此時決定性選民帶有的是平均數偏好,而不是中位數偏好(Lindbeck and Weibull 1987)。有人可能認為,各政黨仍然在某個維度展開競爭,不過它們關注具體政策且對選民沒有把握;於是它們就會提出某種不同的綱領(Roemer 2001)。有人可能考慮到多於兩黨的政黨存在(Austen-Smith 2000)[2]。也有人可能更加現實地將選舉視為包含若干議題維度。[3] 儘管如此,無論人們如何設想選舉競爭,根據 Downs (1957) 的研究,源自最簡單視角的一個核心直覺留存了下來:無論各政黨是只關注獲勝還是也關注選區福祉,無論它們無所不知還是所知不多,無論它們只有兩個還是更多,無論它們是

---

[2]　在奧斯丁－史密斯模型(Austen-Smith model 2000: 1259)中,決定性選民就是那些在特定稅率確定後可被聘請的中等收入者。

[3]　為了理解在此類情形中將會發生甚麼,我們必須假定各政黨不能在政策空間中自由移動,不過這一假定,無論動機如何,都只是一種現實主義假定。在羅默(Roemer 2001)的政黨一致性拿殊均衡(party unity Nash equilibrium,即 PUNE)中,各政黨被限定於根據如下要求給出提議:黨內的不同派系必須就針對其他政黨綱領的最佳回應方案達成全體一致。在候選人一公民模型(Besley and Coate 1996; Osborne and Sliwinsky 1996)中,各候選人完全不能在政策空間自由移動。

在單一維度還是多重維度競爭，它們能夠取勝只是因為它們在政治核心領地的某處提出了綱領。假如所有的有機會獲勝的政黨都移向核心地帶，選民們面臨的選擇就是受限的。或許選民們還有少量機會被提供真正的選擇，而不是簡單的回應，但這種機會確實很少。大部分情形下，各政黨提議以及政黨政府實施的有關政策與其對手之間相差無幾。

這一邏輯可通過對一戰以來西歐經濟政策的回顧而觀察到。這段歷史包含着長期的如下表現：大多數政府，無論其政黨色彩如何，都追求着類似的經濟政策，只是會被零星的政策創新所打破，彼時之政策沿着政黨界限聚集起來。在一戰結束與 1930 年代之間，許多政府都遵循着由平衡預算、緊縮型反危機政策、黃金標準等組成的金原則。因為每個人都相信資本主義經濟遵循自然法，所以就不存在甚麼人可以採取行動抵消經濟波動。社會主義者確實想將工業國有化，但卻無能為力，因為他們組成的只是少數派政府或聯合政府。由於資產階級政黨視國有化為厭惡的事，因此也就不存在國有化了。社會民主黨的主要創新在於這樣的觀念，即資本主義經濟可以被一個能動國家所調控。隨着凱恩斯主義的興起，許多政府，無論其政黨傾向如何，都了解到它們可以通過管理需求來抵消資本主義經濟的波動。它們還發現，通過提供公共服務和基礎設施投資、矯正外部性以及管制自然壟斷，它們可以彌補市場失效。最後，它們開始相信，通過補貼某些投資及保護某些產業，政府可以促進經濟增長。新自由主義者的主要創新在於這樣的主張，即設計良好的市場制度可以自動實現社會福利的最大化，或者至少是"效率"的最大化。新自由主義者相信，私人產權比其他產權形式更有效率，國家"太過龐大"以致於宏觀經濟平衡固然可以驅動投資，但或許更經常的結果就是，這種反週期的政策只是增加了通貨膨脹，而並沒有對就業產生積極影響。因此，他們主張私有化，減少公共開支，監測宏觀經濟表現，讓"市場"運行至最佳狀態。

經濟政策的歷史因而可能具有如下的動力學特徵。某個政府上台執政，作出了一項主要而成功的政策創新，且發展出一套關於其成功秘密的敍事。反對黨在選舉競爭中批評在任者，但每個人都知道一旦當選，新政府將會遵循同樣的政策。兩黨的差異如此微小，以致選民們將其決定建基於某些偶然性議題——一宗醜聞、候選人個性、一場電視辯論——以及曾經的執政黨失誤。勝選的政黨遵循其前任的政策。黨派屬性控制沒有政策變化的選擇，直到某個時刻某人引入了一種主要的政策創新，該政策是成功的，而這一故事模式循環出現。

果真如此，則不同政黨提出並實施類似政策，就不僅僅是因為選舉競爭的急迫情形，還因為它們根本不知道還要做些甚麼。Skidesky (1970: 6) 研究兩次大戰之間的英國，觀察到："英國政治文化是相對同質化的。存在着某些特定的主導觀念或思維類型是所有理智人士共同接受的。這一點特別適用於經濟思維。1920 年代的政治家們運用了一系列經濟智慧，後者可視為他們推定為 19 世紀成功實踐經驗的某種形式的準則化。"在 1925 年瑞典的一次議會辯論中，當社會民主黨首相桑德勒遭到自由派領導人之針砭嘲諷時，首相本人回應道，自由派應當對社會民主黨吸收了自由理念而感到滿足，首相接着指出：
"當圍繞政治鬥爭的硝煙消散之時，易於發生的是，在理智之
士坐到桌邊爭論經濟問題時，他們在許多重要方面都想法一
致。"（Tingsten 1973: 260）。暴露於相同經驗並確信受到相同
約束的理性人會選擇相同的行動路線。他們僅僅是在如下條件
下才敢於創新：現實政策遭遇顯著失敗；他們確信有更好的主
意；他們確信選民相信他們有更好的主意。不過，選民不會信
任以往未能顯示出如下負責任態度的政黨：以遵循作為反對者
之相同政策的方式表現出責任感。冒起於政治洪荒的政黨可以
提出卓越的理念，但選民會趕走它們。

　　不過，即便政黨基於良好理由而提供不了甚麼選擇，關於
民主的正常功能及選舉制度合法性的喪鐘依然會敲響。我們被
反覆告知，當各政黨提出相同政策時，就無可選擇；當它們在
任時遵循相同政策時，選舉中選擇就會變得無足輕重。民主已
經"貧血"了。特別是現在，當我們反覆聽到全球化限制了選
擇並導致民主政治無意義時，人們總覺得這種抱怨耳熟能詳。

　　第一，在瑞典議會 1922 年的一場預算辯論中，自由黨領
導人艾登觀察到社會民主黨政府"在中產方面達到了一種出乎
意料的高度"，為此首相雅爾瑪・布蘭汀回應道："我相信，在
投票給我們黨的瑞典勞工大眾之中存在着一種高度的政治訓練
和對當下緊急情勢的洞見。我想，根據艾登先生自己的描述，
我的回應是，我們敢於將一種盡可能'中產化'（引述赫爾・艾
登）的政策付諸實行。"（Tingsten 1973: 251）

　　第二，對英國麥克唐納政府以及法國人民陣線的左翼分析

譴責它們沒有與當時的標準經濟智慧決裂，指控它們的"出賣"行為，質疑在一個資本主義經濟體中選舉是否能夠帶來不同（Miliband 1959）。

第三，所謂的凱恩斯福利國家引發了相同的反動，爆發於1968 年。Cohn-Bendit 兄弟（1968）將選舉競爭視為"氄湯力和湯力氄"之間的選擇。

第四，再一次提及，關於所有的政府都遵循着類似政策的認知是廣為流傳的。甚至《經濟學人》（1995 年 5 月 2 日）亦得意洋洋地觀察到："新工黨和打折的戴卓爾主義之間的差異更多是風格上的，而不是實質性的。"這一診斷結論為全球化的批評家們所分享："兩件事就要發生了：你們的經濟增長了，而你們的政治萎縮了……金色約束[4] 將當前掌權者的政治與經濟選擇限定於相對緊致的參數區間……一旦你們的國家套上這個鉚鎖，其政治選擇就會縮減為到底是百事還是可口可樂。"（Friedman 2001）

尚不清楚的是，對民主的不滿到底是源自黨派差異的不充分性，還是包含在黨派光譜中的具體政策。公民所感受的政治無力感到底是因為在政策之牆間無所選擇，還是因為這些政策之牆的位置錯誤？他們所反對的到底是沒有一種真正的選擇，還是他們可選擇的具體政策？

為澄清何為必要因素，首先檢驗一下如下條件下的選擇價值是有益的：每個人都為自身的最佳利益進行獨立選擇。假定

4　一種形象的說法，指全球化對各國政治經濟政策的限定效應。——譯者註

你偏好 x 超過 y，則 $x>y$。在這個世界上存在兩種狀態。一種是，你得到了 x。另一種是，你在 x 和 y 之間進行選擇。那麼，能夠進行選擇對你而言是否具有一種內在價值呢？

將這種假設擴展至集體層面，假定存在兩種羣體。一種人偏好 x 超過 y，而另一種人偏好 y 超過 x。集體決策將決定適用於每個人的是 x 還是 y。更多人偏向 x，因此 x 是多數派獲勝選項。你是否介意兩個政黨都提議 x 以致你的機會組合是 $\{x, x\}$，還是它們作出不同的提議 $\{x, y\}$？無論你偏向 x 還是 y，你是否介意被提供一個真正的選擇？

為引入選擇的價值，考慮一下對稅率投票。你自身的峰值偏好是 τ。問題是，你更傾向兩個政黨提出 $\{\tau, \tau\}$ 還是 $\{\tau\text{-}c, \tau\text{+}c\}$？注意，假如它們提出 $\{\tau, \tau\}$，你就可以肯定自己的理想值會被選擇。假如它們提出 $\{\tau\text{-}c, \tau\text{+}c\}$，結果就會存在與你的理想值之間的差距，亦即 c，但你可以有一個選擇機會。你會更看重選擇本身而放棄最偏好的選項嗎？一般而言你在回答這個問題時無法得到幫助，因為關於此類機會組合的一種可傳遞的完全序列是不可能的（Barbera、Bossert 和 Pattanaik 2001）。Sen（1988: 292）爭辯道，禁食比飢餓更受歡迎，因為即便在兩種情形下我都消費了相同數量的卡路里，禁食也是選擇的結果，但飢餓不是。

選擇本身就是有價值的。儘管如此，這個例子，如其所示，並不能提供任何幫助，因為它沒有比較如下兩種情形下的機會組合：其一是僅僅在你所不喜歡的諸多選項中作出選擇，其二是無所選擇但你卻得到想要的。

這個例子有助於解釋我們剛剛聽聞的有關聲音中內在的含混性。請注意選項組合 {τ-c, τ+c} 有兩個值；其中心點是 τ，而且幅度是 2c。假定你的峰值選擇是 τ=0.45。你或許會不高興，因為選擇太狹窄了，假定 τ=0.45，c=0.01，則綱領組合為 {0.44, 0.46}，或者因為擬議稅率太低，組合為 {0.2, 0.4}。例如，Przeworski 和 Meseguer（2006）主張全球化的影響可能是使得再分配代價更大，從而導致左翼和右翼政黨都提出更低稅率，而由於左右之間日益增加的不平等導致二者間差異更大。

我所知的唯一證據是 Harding（2009）提供的。在審視完來自 38 個國家之 40 次調查而形成的個人調查資料之後，哈丁有如下的發現：(1) 認為至少有一個競爭性政黨接近自身偏好的調查物件（選民）更可能對民主滿意；(2) 投票給某個政黨以支持其贏得立法選舉並進入政府的選民中，獲勝者比失敗者更可能對民主滿意；(3) 獲勝者如果觀察到競爭者中有更多不同政黨，會對民主更加滿意，而失敗者僅僅在乎至少一個政黨與自身接近但並不在乎真正存在多少選擇。這些是有着深刻重要性的發現。它們首先表明，人們確實看重自身的觀點出現於公共領域，在乎與自身接近的某個政黨的出場。當然，它們同時也表明，選擇是一種奢侈之善，只被那些得償所願的人看重。那些獲得自身"本質要素"的人一旦他們之所得來自一個更龐大的選擇組合，就會對民主更加滿意，而那些未能獲得自身最佳偏好的人並不在乎到底存在多少選擇。總之，"人們是否看重選擇？"這個問題之答案似乎就是："是的，只要他們得償所願。"當然，即便選擇是一種奢侈品，民主提供這一奢侈品的事實本身就使得民主富有價值。

將提供給選民的某些選項排除，有好的理由，也有壞的理由。如果某個選項是不可行的，即便它包含在選民的峰值偏好之中，這也是一個不提議它的良好理由。儘管如此，我們在前一章中已看到，那些提供給選舉中之選民的選項可能被扭曲了，或許確實被金錢收買了。如果有權勢的利益集團影響了所有主要政黨的綱領，不僅提供給選民的選項是貧乏的，就連作為整體的政治集體甚至也不能選擇最想要的選項。當左翼政黨回應政治交易話語時——在稅收與投資、平等與效率、再分配與增長之間——選民就不能實現其關於稅收、平等和再分配的偏好。因為這種話語服務於有產者的利益，人們只能猜想左翼政治家們是否真的相信這些交易是不可避免的，他們是否認為移向中心地帶是贏得選舉所必需的，抑或他們是否正在回應特殊利益集團的壓力。我並不是在主張後者：或許政治領袖們自身根本不能絕緣於政策、選舉考量及經常性暴露其中的利益集團壓力這樣的技術性信念要素的影響。他們知道為了在政治中競爭，他們需要資源，而他們也知道那些資源遵循着某些政策立場而不是其他，或許他們開始相信易於相信的東西。我們所能説的只是，提供給選民的選項，可能是而且通常是在金錢影響下被扭曲的。

Dunn（2000）對英國政治的分析提供了另一個關於壞理由的警示故事。在他的故事裏，由戴卓爾夫人悄悄開放的資本賬戶改變了再分配和增長之間的交易規則，從而迫使兩大主要政黨都縮減了所提議的再分配範圍。扣人心弦的是，資本賬戶的開放並非 1979 年戴卓爾夫人競選上台時的一個議題。儘管如此，一旦決策作出，可行政策的整個譜系都被移動了。即便左翼選民也不得不選擇支持削減再分配，因為再分配變得代價高昂。因此，關於資本賬戶的決策並不是一個集體決策，但它塑造了後續的集體決策。這裏就是 Dunn（2000: 152）的分析：

> 回想一下，戴卓爾夫人在其作為首相的第一個任期之初最具決定性的行為，就是完全廢除對資本進出本國經濟體的所有控制措施。這一舉措在資本與組織化的勞工之間確立了一個政治競爭的空間，最終勞工一方只能認輸，同時還可相對簡單地展示根據總體人口的利益勞工一方必定失敗。

如今，假如你認為戴卓爾夫人當選是為了做其想要做的事——她從未倦怠於這樣重複——，那麼收入再分配不再是一個選項的事實本身，就不是對選擇的一個壞的限制。選民們賦予戴卓爾夫人一項授權去做任何她認為最好的事情，當她做了之後，某些人並不喜歡他們所擁有的選擇：太糟糕了。不過如果你認為面對廢除資本控制之選項的人們本來會否決之，並期待他們將面對的機會組合，那麼選擇的貧乏就是一個壞的限制。如果人們在知情條件下自我約束，他們就不應當抱怨，即便他們不喜歡所受的約束。不過，如果他們受到了非自願的約束，那麼他們就有權利發瘋。我從這個例子中提取出來的自治的含義在於，只有當政府不作出並非集體選擇之結果的有關決策，條件是——現實地講也只是——這些決策限制了未來的選擇，自治才是切實可行的。

5.3　民主和參與

民主派應當看重參與嗎？這是一個與前述問題不同的問題，我們在前一個問題中問的是，人們是否應當看重在選舉中決定些甚麼。如今的問題是，他們是否應當在意，某項政策結果，到底是他們之行動的有因結果，還是獨立於每個人之所為。只要我生活在我將會選擇的一種社會秩序之下，我確實做出了選擇，亦即我做了某些行為導致某種社會秩序主導，這本身是否重要？

遵循盧梭路徑，Kelsen（1949: 284）主張："政治上自由是指某人遵守着自身參與創制的某種法律秩序。"不過，如果關於法律秩序的偏好存在衝突，參與和自治的這一標準就不一定導向關於自由的相同結論了。考慮一下政治世界的三種狀態：(1) 我參與且我的偏好佔優；(2) 我參與但發現自己處於失敗方一邊；(3) 特定法律秩序是我偏好的，但沒有我的參與，對我而言是獨斷的。根據自治標準，第一種可能性顯然優越於第二種。相應地，根據參與標準，第一種可能性也優越於第三種。儘管如此，第二、三種可能性之間的排名就會是矛盾衝突的，而且我懷疑在歷史上會是因地制宜的。某些人在某些歷史條件下，可能只在乎包含在自身生活於其中的法律體系裏的相關價值：宗教、共產主義、火車準時運行或其他。另外一些人在另外的條件下可能在乎獨立於產出結果的參與本身。

當個體做出私人選擇時，他們導致了相應結果。有人會主張，如 Sen（1988），做一個活躍的主體，一個選擇者，對我們而言有着一種自治性價值，而通過我們的行動取得的某個結果，也要比不依賴於行動產生的相同結果更有價值。然而，我曾投票決定一枚硬幣着陸成我偏好的那一面，而不僅僅是旁觀，這一事實為甚麼重要呢？這不可能是一種有因性差異；我的投票重要這一可能性在任何大型選舉中都是微乎其微的。從個體視角來看，某次選舉的結果就像拋擲硬幣一樣，不依賴於個人的行動。必須強調的是，我並不是在主張投票在個體意義上是非理性的。我或許相信，在一次選舉中人類的命運攸關，與該種命運相附隨的重要性導致我即便在所做所為之重要性僅有 10^{-8} 的條件下仍然會純粹基於工具性基礎而投票。我所指出的只是，沒有人敢於宣稱："我投票支持 A，因此 A 就會勝出"；我們每個人所能做的全部就是投出我們的選票，回家，然後熱切地在電視機前等待，從而了解別人是如何投票的。當集體決策是通過簡單多數規則，由被賦予同等結果影響力之諸多個體來做出時，沒有哪個人對該集體決策擁有一種原因性影響力。

在全球各地時而興起的"參與式民主"[5] 因而在國家層次是不可行的。如果參與意味着平等個體對政府施政的原因性影

5　谷歌搜索 "participatory democracy"，有 177,000 個英文條目，有 276,000 個西班牙文條目。

響，那麼"參與式民主"就是自相矛盾的。只有一小部分人可以對集體決策產生原因性影響。這些人可以通過選舉脫穎而出，或者也可購買"影響力"[6]。他們可以是那些高聲喧嘩者抑或出類拔萃者。不過，每個人不可能具有同等實效。如果每個人都是平等的，每個人就會被認為是具有原因性影響。儘管有着堅定的努力（Barber 2004；Roussopoulos 2003），圓終究不能為方。[7]

這裏再次需要進行澄清。將民主政治設想為若干團體間進行政治影響力競爭的一種過程（Becker 1983）。這些團體知道可從政府政策中損失和得到多少，並耗費資源使這些政策朝着有利方向傾斜。在 Becker 的模型中，那些團體耗費的資源僅僅取決於它們期望何種得失以及其他團體耗費如何。沒有哪個團體是受預算約束的。不過，在真實的政治世界裏，不同團體能夠聚集的資源在分配上是不平等的。

因此，增加那些先前被排除者的參與或許可以有一種平等化的效果——除了這樣的情形，即如果每個人都是平等的，就沒有哪個人是有效的。平等和有效是不相容的；不平等和有效不是。

Berlin（2002: 49）指出，參與不可能是看重自治的理由。除了全體一致外，沒有甚麼集體決策的規則，可以導致個體參

6　我將 "influence" 加上引號是因為在十八世紀這是一個針對後來被確認為腐敗之行為的委婉用語（euphemism）。

7　再者，如莫茨（Mutz 2006）所揭示的，人們在遭遇不同觀點時甚至不願意進行投票，因此審議和參與是衝突的。

與上的原因效力。集體性的自治獲得實現，不是在每個投票者對最終結果都有原因性影響的時候，而是在集體選擇是個人意志加總結果的時候。選舉機制的價值在於建立一種每個人遵守之法律與多數派意志之間的事後一致性：通過選舉來選擇政府，儘管沒有人能夠將這些法律視為自身選擇的結果，確實可以令最多的人在法律下過着自己喜愛的生活。因此，即便個體認為自身的投票是無效的，他們還是會將投票視為一種集體選擇的程式，而存在顯著的證據證明他們通常都如此。即便在個體無能時仍然看重這種機制，引用 Bird（2000: 567）就足可說明了："統治者和被統治者都必須承認'意志顯示'程式並視之為溝通指令，從而統治機構理所當然地被期待去執行這些指令。"

不過對這一自治概念的訴求，要比對原初理念弱得多。在原初概念之下，某種法律秩序只有在每個人都同意的條件下才能夠主導。一致同意標準承諾了集體中每個成員的原因效力。對有效參與的鄉愁持續縈繞着現代民主國家，其中——如 Kelsen（1988: 35）被迫承認的——"政治權利——以及自由——在本質上已被縮減為一種簡單的投票權利。"

5.4　選舉週期間的人民角色

民主的顯著特徵是統治者通過選舉來選擇。或許這就可以解釋為何對民主政治的各種描述通常創造出這樣一種印象，即選舉就是民主的全部。在選舉中人民是萬能的；選舉週期之間人民就是無能的。這就是許多民主理論家認為民主應有的狀態。O'Donnell（1994）將這種把政治化約為選舉的現象，診斷為一種拉丁美洲病理，即"代表制民主"，對麥迪森而言，這就是代表制政府應當運行的狀態：人們在治理中毫無角色。Lippman（1956）堅持認為公民的責任在於"填充政府職位而不是對在職者發出指令。"熊彼得（熊彼得 1942）勸誡選民："必須懂得，一旦他們選舉了某個人，政治行為就是他自己而不是他們的事。這意味着他們必須自我約束不得指示他應當做甚麼。"

作為一種描述，這一圖景顯然是不準確的。政策衝突和對政治影響力的競爭是日常政治的麵包和牛油。政治活動並不限於選舉，甚至也不限於指向影響未來選舉結果的有關努力。不過，對政治影響力的競爭發生在另外的政治領域。選舉週期間的人民角色在民主制度下是顯著不同的嗎？ Manin（1997: 167）主張——"自從 18 世紀末以來，代表制總是伴隨着被統治者在政府控制之外時刻形成和表達政治意見的自由"——儘管如此，我們也看到美國國父們對這角色是搖擺不定的，而法國國父們乾脆毫不容忍。儘管反對政府政策並不必然被標籤化為叛亂，或妨礙行為的這種觀念，在英國 1828 年的一次議會演講中被首次承認，但民主本身並未授予任何特定的反對權利。絕大部分民主國家確實授予了言論和結社的權利，但即便是這些權利也一直是非常脆弱的（Loveman 1993 on Latin America; Rosanvallon 2004 on France; Stone 2004 on United States）。霍夫斯塔特（Hofstadter 1969: 7）的觀察值得在此重複："政府對組織化反對活動的通常觀點是，這種活動本質上是顛覆性的和非法的。"

　　需要指出的是，這裏攸關的並不是所謂的"抵抗權"，該種權利形成於中世紀和早期現代憲法理論之中（Carvajal 1992; Franklin 1969）。那時所提出的問題是，人民或諸如議會／法院這樣的制度性主體是否有權廢黜一位違反了王權獲取條件的君主。法國 16 世紀的一位政治思想家 Theodore Beza（1969 [1574]）強而有力地主張撤回權隱含於選舉行為之中。不過，這一權利的行使必須是合資格和制度化的，否則"一千個暴君就會以鎮壓一個暴君的藉口起事"。據我所知，波蘭是唯一將這種權利憲法化的國家：1505 年之後，若干憲法性約定條款都特別規定了一項程式，據此參議院的一個特別委員會就可以授權貴族起兵反對當選的國王（Bardach, Le snodorski, and Pietrzak 2005;Jedruch 1982; Roh ac 2008）。廢黜專斷越權之統治者的權利在整個代表制歷史上受到了廣泛承認。當漢娜 • 阿倫特發現"革命"一詞的詞源含義是恢復原狀時，這正是在 19 世紀拉丁美洲的標準用法（Sabato 2008; Sabato and Lettieri 2003）。因此，對 1890 年代的阿根廷激進黨而言，"革命……意味着合法使用暴力將社會從一種不合法的政府之下解放出來，並使其回歸到一種先前的政治秩序中：恢復古老的傳統和憲法"（Alonso 2000: 111）。革命就是一種捍衛憲法反對當選政府篡權的行為，而通過一場成功的革命掌權的政府將會自我描述為一個合憲政府。當廢黜總統的方法變得更少暴力時，大眾運動和議會反對就會持續迫使拉丁美洲總統們垮台。[8]

廢黜統治者的權利通過週期性選舉制度變得幾乎是自動生成的。這裏的問題是，與當選政府有着不同觀點的人們，是否能夠且應當在選舉週期間影響政府政策。我認為理所當然的是，反對派可以在未來選舉中自由競爭。我還排除了旨在影響人們投票方式的有關政治活動；這些活動在這裏的討論中談過了。不過，選舉週期間的人民的政治角色到底應當如何呢？那些在選舉中失敗的人是否有一種沉默忍受，直到下一次選舉到來的責任，還是說他們有權通過以選舉方式改變政府之外的手段來加以反對？選舉中的失敗是否給少數派強加了一種接受當選政府之政策義務？人們不應當像 1919 年時的勞工黨主席 J. McGurk 那樣認為："我們是立憲主義者或不是立憲主義者。如果我們是立憲主義者，如果我們相信政治武器的效力（我們確實如此，否則我們為甚麼要有一個勞工黨呢？），那麼因為我們未能在投票中取得多數就轉身要求改變勞工行動的行為就是不明智的和不民主的"嗎？人民不能從事於——用 Dahl（1966: xix）的話來說——"意圖修正政府行為的一條審慎的行動路線嗎"？何種反對是忠誠的，何種反對是顛覆性的？大部分對政府政策的反對都是在代議制度框架下進入正軌，還是人民可以任何自願的方式行動？安貝德卡是印度憲法國父之一，他認為

8 　Hochstetler（2005）記錄道，1978 年之後南美洲的總統中有 40% 受到了平民行動者要求下台的挑戰，其中 23% 確實下台了，被平民所取代。再者，她強調了街頭示威是一個關鍵性因素。阿爾瓦雷斯和馬斯坦因特雷德（Alvarez and Marsteintredet 2007）表明，突然導致總統被平民廢黜的那些因素和過去導致軍事干預的因素是一樣的。

公民抗命在殖民統治下是適當的，但它在民主體制下"除了作為無政府語法，一無是處"（Guha 2008: 132）。自治要求政府對通過選舉外的機制公開表達的聲音進行回應嗎？代議制的國父們對這些問題都是十分搖擺不定的（Morgan 1988, Chapter 9; Wood 1969, Chapter IX），而我相信我們今天依然沒有搞得更清楚。

選舉週期間的某個反對派為何會崛起呢？在政府通過週期性選舉而被選出的相關制度框架中，人們至多是從一大捆議題亦即競選綱領中進行選擇。因此，即便某個政府是由多數派選舉出來的，這也並不意味着多數派支持該政府的每一項政策。假定存在兩種政策和四種投票者。兩種政策是稅收和開支，而每一種又可被特徵化為高或低。投票者偏好分佈如下：

		稅收		稅收
		高	低	合計
開支	高	0.36	0.34	0.70
開支	低	0.04	0.26	0.30
	合計	0.40	0.60	1.00

在選舉中，候選人通過表明自身真實的偏好來舉薦自己，而選民則投票給最接近自身偏好的候選人（公民—候選人模型）。提議採取高稅收和高開支政策的政黨成為了獲勝者。當然，需要指出的是，多數派在傾向高開支的同時也傾向於低收入。

現在，面對一個反對稅收的多數派，新當選的政府可能會決定放棄其競選綱領，推行一種無稅收的開支。儘管如此，選舉並不是在某次選擇中打包而成的自主性公民投票序列。選民們授權政府進行治理，而不僅僅是要求政府聽從公眾意見之聲。畢竟，我們看不上那種以民意投票來指導自身行為的政府。公眾意見之聲可以算數，也可以不算數，但是即便算數的時候，比如在民意投票中，其他的計算方式既不是選舉的權威性，也不是選舉的可靠性。進而，聯繫緊密的少數派可以裝扮成多數派。不管是選舉還是其他加總偏好的方式，都不允許出現偏好上的強度差異。聯繫緊密的少數派只是數字上的少數派。我們可能不喜歡這個事實。事實上，理性的人們或許會說："由於我並不真正在乎此或彼，而她盯得很緊，她的觀點應當勝出。"人們可以基於這一原則來設想一種反思性平衡。儘管如此，強度的人際比較之不可能性是必然的，而策略問題也是顯然的。自治政府只可能是一個數人頭的體系，或許被數的是啟蒙過的人頭，但也只是人頭而已。

　　假定政府堅持一項不受大眾歡迎的政策。如果該項政策需要立法同意，則政府很可能在議會遭遇失敗。反對派政黨可能會說服政府支持者修正其觀點；它們可以行使其制度性特權來封堵某些立法（在德國，議會各委員會的主席職位是根據政黨實力之比例分配的；在英國，公共賬戶委員會總是由反對黨控制的）；它們可以用阻撓性技法來威脅（某項關於電氣公司私有化的政府提案在法國遭遇到數以千計的修正案；美國參議院裏存在拉布現象）；它們還可以通過自身控制的低層級政府的不合作來實施威脅。政府並非總是能在立法機關中如願以償：

根據 Saiegh（2009）的研究，以迄今存在的資料為准，民主國家的立法機關在長達 783 年的國家紀年上只對行政分支提出的 76% 的議案表達了同意。

不過，議會外的人們是否能夠有效影響政府決策呢？例如，Manin（1997: 170）作出了這樣的評論：

> 公共輿論的自由是代議制的一項民主特徵，提供了一種將人民之聲傳遞給統治者的手段⋯⋯代表們並未被要求根據人民之意願行事，但他們誰也不能忽視人民之意願：公共輿論的自由，確保了這些人民意願能夠獲得表達，並引起統治者關注。代表確實是最終決策者，但某種制度框架已被創設，其中人民之意志成為代表決策過程的一個考量因素。

對某項政策的反對是如何成為政府決策的一個考量因素的呢？公共輿論影響政府政策的一種方式是提供關於政策後果的有關資訊。Sen（1981）的著名觀察結論是，民主國家不會經歷饑荒是因為地方媒體的稱職角色。Holmes（1995, 2007）有力地指出，積極反對減少了政府犯錯的機率。同樣易於確信，在公共輿論之表達，預示着對特定議題之選舉性反應的範圍內，當權者預測到選舉時刻的回溯性判斷，可能修正相關政策以最大化其連選連任的機會。事實上，政府經常回應通過非選舉機制表達的聲音，不僅回應遊說者的私人聲音，也回應了在示威、政治性罷工、佔領道路等抗議活動中釋放的公眾聲音。因此，在上述範圍內，對公共輿論的零星回應無論採取何種形式都影響到了政府政策。儘管如此，除了公民投票，我們的代議制度沒有制度性機制來確保反對派聲音被聽到，更別說佔據主導了，無論反對派顯得多麼聯繫緊密。

在我看來，政府回應積極反對的主要原因在於這樣一種威脅：一旦反對派聲音被忽視，有關衝突就可能溢出制度性框架。政府能夠實施法律和執行政策，僅僅在於代議制度體系能夠框定並吸納社會中出現的任何衝突，能夠根據預定規則將衝突程式化。下一步，代議制度具有吸納衝突之能力僅僅在於：每個人有參與這些制度過程的權利；相關衝突通過可訴諸制度性管道接近代議體系的組織特別是政黨而得以框定；以及這些組織存在通過代議體系追求自身利益的激勵。最後，代議制度能夠調控有關衝突還在於衝突的政治各方可以期待取勝，無論是現在還是在不遠的將來。有關制度"統治和塑造人際互動"——根據 Lin 和 Nugent（1995: 2, 306）給出的定義性特徵——只有在所有的潛在衝突根據規則獲得程式化，而不是陷入偶發暴力的條件下才會發生。

初步觀察表明，特定的制度系統在這些能力方面差異極大。統計拉丁美洲 1946-1996 年間民主政體下的年均騷亂發生率——大規模遊行示威、叛亂和全國性罷工（Banks 1996）——顯示出這樣一個幅度：從哥斯達黎加的 0.47 到阿根廷的 3.41。在阿根廷，幾乎每一個爭議性議題都能夠誘發五月廣場上數以千計的人羣、封鎖道路的拖拉機羣以及內烏肯省佔領某座橋樑的罷工糾察隊。與之相對照，在哥斯達黎加，幾乎所有的衝突都由政黨所規範並通過國會、總統或法院加以程式化。歐洲內部的極端對比甚至更為尖銳,年度騷亂發生率在意大利是 5.84,而在挪威只有 0.10。

為甚麼這一點重要呢?當衝突溢出代議制框架時,政府只有兩種選擇:要麼在恢復鎮壓措施或容忍失序的同時保持既有政策,要麼放棄既有政策以安撫反對派。沒有哪個選項是有吸引力的。陷入鎮壓和秩序崩潰的漩渦損害了民主,而不斷的讓步也會導致政府沒有能力實施任何穩定的政策。

5.5 投票、選舉與國內和平

選舉是自治政府的根本制度:自治包含了選出代表人民進行統治的人選。再者,在政治參與的所有機制中,投票是最平等的一種。單單是我們可以選擇與更換統治者這一可能性似乎就足以導致我們在自我統治這一神話的合理性。

儘管如此,選舉與統治者選擇之間的關係,並非如我們直覺顯示的那樣直接相關。設想一下在沒有反對派的一黨制下的選舉。因為人民投票了,所以我們仍然可以稱這些事件為"選舉"。但結果是並沒有甚麼人被選出來。這類選舉只是在暴力陰影下為在其他地方決定的人選背書。選舉的警號只有在投票本身涉及集體選擇時才有魅惑的力量。我不得不再次重申(1991),民主就是當權者敗選和勝選者上台的政治時刻。假定政黨輪替,如今就是民主政治的要害指標,我們似乎可以認定這就是民主的全部。然而事實表明,在整個歷史上,通過選舉的政黨輪替只是小概率事件。在世界上的絕大部分地方和絕大部分時間裏，當權者不斷贏得選舉並在意外敗選時拒絕讓出權位。這就是選舉威權主義，沒甚麼新鮮。

5.5.1 投票和選舉

當人們在投票時，他們在做甚麼？投票是一種物理性行為：叫出某人的名字，舉手，將一張紙片投入選票箱，拉動操作桿以及點擊觸屏。不過，對這一行為的政治後果與文化解釋在不同國家和時代中有着深刻差異。投票不同於選舉：事實上，投票可能與選舉無關。

投票不具有選舉約束力的最明顯的例子就是一黨制下被稱為"選舉"的那些事件，其中沒有甚麼人是通過投票選擇出來的。儘管如此，共產主義實踐並非一種歷史脫軌。提請國民投票同意一份政府名單的觀念，在督政時期的法國已經出現（Crook 2002），在王朝復辟時期得到運用，而在拿破崙三世時期臻至登峰造極（Zeldin 1958）。西班牙君主制以這種方式取得了對選民的完全控制，以致於在 1876-1917 年間它能夠維繫這樣一種制度，即政府根據事先安排好的政黨間協議進行輪替。1851-1869 年間的葡萄牙也是如此。擢升官方候選人不是公共官員的罪過，而是其責任：1822 年，法國總理德維爾發佈一則通告，指示："我的所有內閣成員如要保持官位，必須在自身職權範圍內全力投入支持真心親政府之議員的選舉。"（引自 Zeldin 1958: 79）。對公共行政資源的黨派化利用在拉丁美洲如同在歐洲一樣無處不在。追隨 1831 年之後的智利（參見 Valenzuela 1995），若干拉美國家建立了穩定的政治繼任制度，其中在任總統完成任期，忠實遵守任期限制，挑選自身的繼任者並動用政府權力以確保繼任者在各輪投票中獲勝。這種寡頭多元主義制度的穩定性——智利是 1831-1891 年以及再次延續到 1924 年，尼加拉瓜是 1856-1890 年，巴西是 1894-1930 年，阿根廷是 1890-1916 年，烏拉圭是 1898-1932 年，墨西哥是 1934-2000 年——是赫赫有名的。事實上，在整個拉美歷史上，只有三位在任總統尋求連任時落選。如海爾普林‧東希的觀察："在後革命時期的西屬拉美推翻政府的多種實踐形式中，在投票中被擊敗幾乎不存在。"

單純有選舉尚不足以導致競爭。考慮一下在任者處置此種事務的各類政治工具。如果他們害怕失權，就可能簡單地避開此種風險，完全不舉行選舉。弗郎西斯科‧佛朗哥在以大元帥名義實施統治的 36 年間完全沒有選舉。馬來西亞的國民陣線（聯盟）黨不審慎地在 1969 年舉行了一次選舉，但是當面臨不理想之結果時，只是簡單地改變了選舉規則以確保同類經驗不再發生，當然確實不再發生了。安東尼奧‧薩拉查更加審慎，通過尋求欺詐確保選舉產生正確的結果，這是墨西哥帕爾蒂多革命制度黨鍾情的一種手法。純粹暴力、規則操縱和欺詐可以確保在任統治者不顧人民之聲繼續掌權。

選舉必然要遵循某些調控投票者的規則，無論投票是直接還是間接的，是秘密還是公開的，選票是如何加總的等等。而規則可以影響結果。甚至微不足道的細節，比如選票的格式或色彩、投票點的位置或者投票發生在每週的哪一天，都可以影響結果。因此，選舉肯定會遭到操縱。當然，操縱可能或多或少是公然的。或許最臭名昭著的操縱實例就是普京總統引入的禁止"負面競選"的法律，他在這裏指的是對政府的任何批評。某種意義上，我們感覺到按照火蜥蜴的形狀來劃分選區是過分的，而將選區設計成完美的正方形也不能使人高興。因此，操縱是一個程度問題。

操縱不同於欺詐。[9]操縱包含着確立規則，而欺詐則是要破壞規則，無論具體規則如何。進而，即便有着相同的選舉結果，確立規則和破壞規則受制於不同拘束。同樣的物理性行為——某種競選捐款——在其為法律所允許或非法時有着不同含義並遭致不同反應："制度性事實與野蠻事實相比有着某種自治性。"（Sanchez-Cuenca 2003: 81-2）。最重要的是，即便其結果難以評估，規則本身必須是可見的，而欺詐行為必須是秘密的。即便在任者公開進行操縱——法國自 1875 年以來已 11 次改變選舉規則——他們也不希望被抓住破壞自定規則的把柄。潛入反對黨辦公室盜取秘密是一種欺詐，因為該行為違反了反對盜竊的一般禁令。收買選票在該行為被特定規則禁止時也構成欺詐。那些靈魂早已飄到另一個更美好世界的人的投票也是一種欺詐。關於 Anastazio Somoza 的故事是最好的選舉欺詐實例，據稱他這樣諷誡敗選的對手："事實上，你贏得了選舉，但我贏

9　關於欺詐定義的困難，參見 Annino（1995: 15-8）。關於拉美的腐敗選舉實踐，參見 Posada-Carbo（2000）。

得了計票。"欺詐技術是高度多樣化的（Lehoucq 2003; Simpser 2006），但幾乎在所有的欺詐形式中，欺詐性活動都是秘密的。

　　有些聲音主張我們正在見證一種本質上的新現象"選舉威權主義"的出現，而這種政體實際上在整個歷史上都是政治組織的流行形式。普京主義沒甚麼新鮮。[10] 選舉結果雄辯地表明，在位者選舉失敗在歷史上很少見，和平的權力輪替甚至更少見。表格 5.1 總結了選舉的結果，其中首長職位是相關的，以及其他附屬事件：

表 5.1　圍繞選舉的系列事件

在任者	獲勝者				總計
	直接當選	間接當選	未當選	不清楚	
獲勝	1,999	9	95		2,103
失敗	473	19	53		545
參與者	2,472	28	148		2,648
未參與者	84	6	22		112
不清楚	15	3	8	7	33
總計	2,571	37	178	7	2,793

　　"在任者"不一定是同一個人；他或她可以是同一政黨的成員或某位預期的繼任者。"獲勝者"可以是一個人或一個政黨。注意，假如在位者獲勝，他就是獲勝者；假如在位者失敗，獲勝者就另有他人。"間接當選"代表這樣的序列，即獲勝者

10　這是摩爾曼斯克州長 Jurij Jewdokimow 對自己的政黨"唯一俄羅斯黨"（Only Russia）參加 2009 年 3 月 15 日市鎮選舉實踐的描述："市鎮企業的僱員被強制要求在裝有傳單的宣傳箱前月台以呼籲選民投票給'合適的'候選人。學前班教師必須向家長分發具有鼓動性的材料。"（*Gazeta Wyborcza*, Warsaw, Poland, March 17, 2009）。

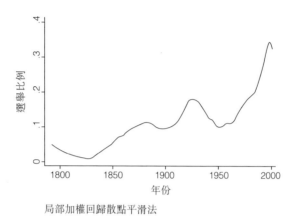

局部加權回歸散點平滑法

圖 5.1　政黨輪替（1）

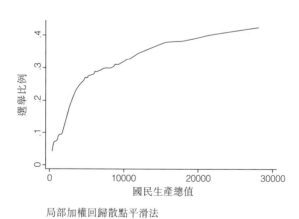

局部加權回歸散點平滑法

圖 5.2　政黨輪替（2）

就職但僅僅是在某人──失敗者或第三黨──在某次選舉後即
被確認違憲掌權的條件下。"當選",無論是直接還是間接,都
表明獲勝者掌權至少一年,不過並不必然表明他能夠合憲地完
成全部任期。

在位者勝選的頻率是驚人的:在他們參與的 2648 場競選
中獲勝 2103 場,這意味着在位者勝選的可能性是 0.79,其勝
選幾率為 4:1。

當然,即便有各種操縱和欺詐,在位者有時也會敗選。他
們接着會怎麼做呢?他們可以接受失敗並屈服,不過也可能嘗
試着避免獲勝者就職。注意,政黨和平輪替僅僅在於在位者敗
選而獲勝者就職,其發生幾率為 473/2648=0.18,或者 5.6 場
選舉中出現 1 場。再者,即便歷史上的首次政黨輪替發生在
1801 年的美國,和平輪替在上個世紀最後四分之一世紀之前
一直頗為少見(參見圖 5.1)。

同樣有強勢證據表明,和平輪替的頻率伴隨着人均收入增
長而大幅度增加(參見圖 5.2)。對此的直覺解釋是,當收入更
高時,人們更少在乎通過暴力實現的收入增加,而一旦暴力成
本是一個常數,人們在某個收入水準之上時即便敗選也會遵守
結果(Benhabib and Przeworski 2006; Przeworski 2005)。

由這些事實浮現出的一般圖景顯得特別晦暗。顯然,在位
者不斷當選是因為他們確實是受大眾歡迎的。不過通過各種操
縱、欺詐和非法壓制,在位者貌似經常能夠編排或調和人民之
聲。孤立的人民投票之事實並不必然意味着他們有權選舉。

5.5.2　選舉與國內和平

選舉的魔法在於它們導致了跨期的政治水平線。某個在任何衝突中失敗的政黨一旦預期到這種失敗是永恆的或無限期的，就會傾向於訴諸武力，而一旦它相信在某個確定的時刻有機會取勝，就會尊重本次結果。這正是選舉的功能所在：權力輪替的預期。不過，這一機制奏效僅僅在於不同政黨的選舉機會，不會與其施加武力之能力距離太遠。

像下面這麼想。政黨參加選舉是為了決定某些政策——無論是再分配率、墮胎規制還是政教分離——它們在這些政策上存在衝突性利益。觀察到選舉結果後，它們決定或者尊重結果，或者試圖以武力強加它們的意志。當前掌權者再次當選的可能性是絕對的，就像掌權者將會在一場暴力衝突中佔據主導之可能性一樣。因此，政治行動者面臨着兩張有着不同收益和幾率的彩票：選舉和暴力衝突。這一思維方式的類結論為，選舉結果得到遵守僅僅在於選舉機會反映了相對軍事實力，這意味着一旦某個政黨在軍事上佔優，它在選舉上也必然佔優。希羅多德（引自 Bryce 1921: 25-6）認為在一個民主國家"公民們的物理力量（寬泛而言）與其投票力量一致"。而 Condorcet（1986: 11）觀察到，在野蠻的古代，"為了和平與普遍福利之利益，有必要將權力置於力量之所。"儘管如此，當人們不大在意可從戰鬥中獲取甚麼時，軍事力量與選舉機會之間的關係就會變得不甚重要。因此，如果衝突涉及收入問題，和平在那些富裕社會就更易維持。

為了精準指出選舉在衝突解決程式化中的角色，換種角度思考。社會中的兩大團體在某項政策上發生了衝突。它們可以通過戰鬥來獲取其理想結果，事先知曉一方會佔據主導。如果他們想要避免暴力，假定存在這種可能性，他們就會同意某些規則，據此他們將會和平地實現權力輪替並解決有關衝突。不過 Fearon（2006）正確地指出，和平解決衝突的慾望並不足以證成選舉。如果每個人知曉一切事，那麼他們同樣也知曉，與武力力量關係相聯繫的政策後果的預期價值。那麼為甚麼是舉行選舉，而不是簡單地同意某項反映各自軍事實力的政策呢？如果人們冒着被反對的風險，則同意某項福利條款上的既定政策要比新輪替政黨選擇的政策優勝（Alesina 1988）。因此，附加理由必須提出，從以理解為何為了和平，衝突必須通過選舉來解決。此外我還主張（Przeworski 2005）政策不可能完全確切，而統治者將會運用其剩餘權力以偏離任何協議。Fearon（2006）將選舉視為一種制度裝置，用來調停因在位者濫用權力導致的造反。Londregan 和 Vindigni（2006）認為選舉是熟習各黨軍事力量的便宜方式，而這已經是 Simmel（1950: 241-2）的觀點了："由於投票的個體被認為是平等的，多數派具有物理力量來壓制少數派……投票服務於這樣的目的，即避免即刻的暴力對抗並通過計票找出潛在的結果，以便少數派能夠確信自身的實際抵抗將會徒勞無功。"

有兩種方式來思考軍事力量的相關性。一種方式是，當政府濫用權力時，人民聯合一致發動起義來對抗這種違法行為（Weingast 1997）。在 Fearon（2006）看來，選舉在促成此種抵抗方面扮演了特定角色，因為選舉結果向孤立的選民個體揭示了大量其他人對政府不滿並給出了一個信號，即一旦當權者尋求保持權力時，一場聯合一致的叛亂就是有效的。如下情形亦然：當現政府宣稱贏得選舉，但存在一種廣泛流行的觀察，認為它利用欺詐手段（Gandhi and Przeworski 2009）；或者當該政府操縱規則達到了令反對派毫無機會獲勝的程度。這一思考方式的問題在於，它假定了那些從政府違法中獲益的人會出於對民主制度的共同維護而加入反對者陣營。這一假定唯有在如下條件下才可成立：每個人都具有跨期思維；當下受益者預期到某一天自身也可能淪為失利一方。儘管如此，假使在任者通過操縱選舉、實施欺詐或只是越權而違法，他們可能長期掌權，這樣一來從統治者不正當任期中獲益的人，就會缺乏激勵去進行抵制。

　　另一種關於軍事力量的替代性視角就是將政黨視為軍隊。暴力不過只是選舉競爭的一種延伸。Bravo（2003: 248）觀察到 19 世紀中期阿根廷土庫曼省的情形，"戰爭構成了政治的一種功能性追索，在其中界定或修正了選舉結果。"依此來看，只要宣稱獲勝的政黨有足夠強大的軍事力量，以確保暴力抵抗沒有獲勝機會，那麼各方都會遵守選舉結果，不管該結果是如何產生的。這一視角在 19 世紀的拉美是對政治的一種顯著理解（Sabato 2008; Sabato and Lettieri 2003），不過一旦暴力運用變得高度技術化，且一旦對暴力手段的控制，變成一種關於軍隊和員警的專門制度領域，它就變得不大受歡迎了。一旦這種情形發生，現政府繼續掌權的機會就取決於這些軍事機構的黨派態度：他們可以不顧任何選舉結果，而無條件地支持某個政黨，或者他們也可成為"憲政主義者"，亦即對贏得清潔選舉的任何一方都給出同等支持。此外，有很好的理由認為選舉失敗將引致統治陣營的分裂（Magaloni 2007）。當某個統治者舉行了一場選舉，同時又不能保證獲勝，或者只能通過明顯的操縱與欺詐獲勝，國家強制機構的人員就必須看到這位統治者倒台，以及他們個人對鎮壓行為負責的可能性。因此，他們很不願冒這個風險（Przeworski 1988）：皮諾切特將軍在 1989 年關於延長個人任期的全民投票中失利後，智利軍隊的其他成員拒絕以暴力推翻投票結果（Barros 2002）。故而，當在任者不能贏得競爭性選舉時，他們的軍事力量機會遭到損害，他們可能被迫遵守民主競爭的規則。

誠如 Bobbio（1984: 156）所問："對於不流血的衝突解決方案而言……民主除了一套規則之外還是甚麼呢？"這並不意味着選舉總是競爭性的，更別說選舉是自由而公正的，以及人們只要投票就可以選出自己的統治者。誠然，選舉只是一種將衝突過程化的和平方式，捨此則可能陷入暴力。在選舉機會反映物理暴力關係的範圍內，選舉無疑是在暴力陰影之下發生的。不過陰影之下，和平猶存。

第六章　機構

6.1　引言

　　我們的制度是代表制。公民們並不直接統治；他們被其他人統治，或許有不同的他人來統治，但一直有他人在統治。為了評估當我們被他人統治時我們是否是在集體自治，我們需要考慮兩種關係：政府不同組成部分之間；公民與政府之間。政府結構在邏輯上優先於政府和公民關係，它也一直被這麼看待。這是因為公民能夠要求或期待政府甚麼取決於政府能做和不能做甚麼。相應地，政府能做甚麼至少在某種意義上取決於它們的組織方式。

　　確保政府不同分支一旦採取某項行動時必須達成共識及合作的制度，實際上是超多數的。通過放大"否決遊戲者"的數量，此類制度將現狀特權化（Tsebelis 2002）。因此，政府或許不能對選舉中表達出來的多數意志進行回應，尤其不能回應關於變革的委託。幾乎在所有的民主國家，通過與超多數規則相適應的有關制度安排，政府中立性條件都在不同程度上遭到違反。事實上，Rae（1971）想要通過測量決策規則在多大程度上偏離簡單多數來估算民主理想的近似值。或許最著名的就是這樣一個事實,即兩院制在一般條件下是與超多數規則相適應的,這一事實已得到 Condorcet 的記載(1986 [1787])。McGann(2006)認為,只有那些採取比例選舉制、一院制且不存在行政否決權和其他反多數制度機制的國家實際上是在奉行簡單多數規則。按照他的統計,此類國家寥寥無幾。

至於根據其他某些標準,簡單多數是好是壞不是這裏要討論的議題:我們不斷看到這樣的主張,即作為實體的人民必須免於自我保護,至少免於受到暫時性激情或虛妄偏好的影響。[1]不過,如果現狀被特權化了,那麼由 May 的原則所界定的自治條件之一——中立性 [2]——就被打破了。這或許只是意味着對自治應當有不同的理解;某些人可能會主張,當作為制憲權主體的人民以該種方式建構政府時,他們基於某些原因不希望多數派的聲音得到貫徹實施,除非政府的所有權力分支同意那樣去做。無論如何,引人注目的是,諸如兩院制或行政否決權這樣的制度性特徵在所有議題上擴展了對現狀的保護,而不僅僅是那些顯著受制於特定程式,或被委託給特定機構的議題。權利可以而且最經常地被分別加以保護。對現狀的超多數保護

1　事實上,通過聲稱少數派無關緊要是因為針對他們的補救 "已由共和原則加以提供",麥迪森的主張弱化了其在《聯邦黨人文集》第 10 篇中對派系的關注。他的目標是多數人統治。參見 Dahl(1956, Chapter1)。

2　請注意,這裏涉及的是中立性原則,而不是回應性原則。假定規則是,除非三分之二多數支持某項替代方案,否則現狀得到維持。那麼,如果多數派中傾向變革的某個人對此標準滿意而另有一人加入了多數派,則替代性方案就會佔優。如果這個人是關鍵性的,那麼當這個人轉向支持變革時,現狀就會消失。參見 May(1952, 1953)對那些中立性被違反而回應性續存之情形的研究。

擴展到了那些不涉及基本權利的純粹分配性議題之上。誠如美國憲法的若干批評者所指出的,制衡制度可能避免政府的權力濫用,也可能癱瘓其適度有為的能力。

與之相應,回應性原則大體意味着政府政策遵從公民的集體決定。這一原則只在如下條件下成立:存在某些可予遵從的集體決定;選舉的結果可被視為表達了某種集體意志。我相信選舉可以如此:根據其內在邏輯,選舉將個體意志結構化納入了對特定政黨的集體支持之中。因此,儘管我贊同所有那些觀察到政府不能代表每個人意志之現象的人,但政黨和黨派政府確可以代表其支持者的集體意志。它們在事實上是否那樣做是另外一回事。某些機構成本是不可避免的;無論基於何種原因,或好或壞,如果某個政府追求的與人民選舉它時希望的有所不同時,那麼該政府就必須獲得相關激勵以確保其不過分偏離人民的委託。即便某些統治行為致力於以選民利益為代價追求政府自身利益,政府本身都必須足以實施統治。

再次申明,這些論點將在後續章節中進一步闡釋。

6.2 政府結構

6.2.1 待解決的問題

創設政府的特定行為是必要的,因為人們在無政府條件下會彼此侵害。不幸的是,政府本身也會胡作非為。一方面,我們聽聞:"政府在共和國裏有重大必要,不僅可以保護社會免遭統治者的壓迫；還可保護社會的一部分免遭另一部分的不正義對待"(《聯邦黨人文集》第 51 篇)。另一方面，我們又被警告："個人自由更多懼怕掌握公權之官員的侵害"(Sieyes, Pasquino 引用 1998: 76)。如果政府有能力進行統治，它不也有能力濫用權力嗎？如果政府無權濫用，又如何統治呢？這裏的平衡並不清晰。正確的制度設計是一項微妙工作。

Bolívar (1819) 的名言頗有些先見之明：如果暴政是一種重負，那麼自由就是一種平衡。威權政府可以通過鎮壓施加秩序。民主國家面臨着一種更精細的任務。它們必須保護自由，同時也必須維持秩序。誠如 Lechner (1975) 在關於 1973 年智利獨裁出現的一項頗具穿透性的分析中指出的那樣，如果大街上沒有秩序，民主就不能繼續存在。無論如何，維持秩序必然牽涉暴力。Bobbio 的附加說明暴露出了民主的一個關鍵層面："借助'民主制度'"，Bobbio (1984: 93) 聲稱，"我指的是這樣一種制度，其中最高權力（最高是指被單獨授權以暴力作為最終解決手段）根據選舉程式以人民的名義並代表人民行使。"民主是一種統治形式："並不比其他任何政治制度多出甚麼，民主不能避免人們不受到其他人的命令"(Kelsen 1988: 23)。統治牽涉到強制：政府和統治者可以從某些人那裏收錢並給予其他人，可以將人監禁，有時甚至取人性命。用洛克的話（《政府論下篇》，第二章）來講，政府只是一個"長官，通過成為長官，手握普遍的懲罰權。"

美國建國之父們知道如何防止權力濫用：他們需要做的就是追隨孟德斯鳩。孟德斯鳩提供的方案就是政府分權。他的理論指出，分權為權力制衡所必要；權力制衡導致政體寬和；寬和政府保護自由。

6.2.2 功能與權力

在列舉了自由的三大威脅之後，Sieyes（Pasquino 引用 1996: 19）提出了標準解決方案：分權以及一部關於公權的優良憲法是民族與公民免遭極端罪惡的唯一保障。"

分立論的要點來自孟德斯鳩（1995 [1748]: XI, 3）：

> 當立法權與行政權掌握於同一人或同一機構之手時，就不存在自由了；因為各種不安會產生，同一君主或參議院將會制定獨裁法律，並以獨裁的方式來執行。同時，如果司法權不與立法權和行政權分離的話，自由也不會存在。假使司法權與立法權結合，臣民的生命與自由就會暴露於專斷控制之下；因為法官將成為立法者。假使司法權與行政權結合，法官行為就可能是暴力和鎮壓。假使同一人或同一機構，無論是貴族還是人民，同時行使着三種權力，即制定法律、執行公共決議並裁斷私人糾紛，那麼一切都完了。

孟德斯鳩的權威太盛，以至於每個人都感受到壓力去證明自身的理念與這位"聖賢大哲"一致。Manin（1994: 27）指出："有時，1787 年憲法辯論十分接近於對孟德斯鳩理論的解釋之爭。"

孟德斯鳩假設的本質是，分權政府將會是寬和或有限的。請注意這一解讀不是孟德斯鳩直接説出來的。他的論點是以否定形式表達的：未分權的政府將會是專制的，而不是分權的政府將會是寬和的。不過，對該假設的這兩種解讀似乎都不真實。我相信沒有理由去認為，觀察到權力是否在形式上被劃分甚或權力實際上是否平衡，就可以預測出政府是有限的還是壓制性的。我提不出系統化的證據，只有伴有歷史軼事的邏輯論證。不過在我看來，這些對於我們質疑孟德斯鳩假設已經足夠。當然，我們先要將孟德斯鳩假設劃分為兩步。第一，如果權力是分立的，它們就會是平衡的。第二，如果權力是平衡的，政府就會是有限或寬和的。我們逐一加以討論。

孟德斯鳩的描述假定了權力行使包含着不同而分離的功能。這些功能的標準清單包括立法、執行和裁決。這一清單從歷史來看並不顯著：功能可增可減。如何控制執行權呢？是區別於法律執行的日常管理嗎？教育人們像公民一樣行為？更重要的是，這些功能是不易劃分的。麥迪森（《聯邦黨人文集》第37篇）曾有質疑："沒有甚麼政府科學中的技能，可以足夠確定地區分和界定權力的三大領域，即立法、行政和司法……在實踐中每天都有問題發生，這些問題證明了我們有關主題認知的含混性，也造成了最偉大的那些政治科學家們的疑惑。"

不過，即便帶有此種含混性，大多數人還是接受了孟德斯鳩的原則，即政府功能應當分配給不同機構。政府設計因而成了權力的功能分配。權力、分支、部門、權威或"組織"包括立法機關（有可能是雙院制）、某種執行組織、法院，但在某些情形下還包括一種"道德權力"（在多部拉美憲法中稱為 poder moral, poder censor 或者 poder conservador）——用玻利瓦爾省 1818 年制憲擬議中的話來說就是"對立志成就德性的人民是必要的"（Soriano 1969: 27），或者包括一種以行政手段控制政府開支的組織，比如 1812 年加的斯憲法（Cadiz Constitution）中的最高賬務委員會（Contaduria Mayor de Cuentas）。

這種權力的功能構圖可以通過多種方式進行。一種是"嚴格分立"。這種構圖要求一對一進行：一種組織只能履行一種功能，不能干涉任何其他分支。立法機關立法，行政機關行政，司法機關司法，甚至上述的"道德權力"管教育。嚴格分立還可相容多（權力）對一（功能）模型，即將立法機關一分為二，各有立法特權。在嚴格分離模式下，每種功能仍然是由不同機構履行的，除了某些功能由超過一個機構來履行。相應地，這種嚴格分離模式與我們今天稱為"制衡"的制度是對立的，後者的構圖形式是多對多，包括全部對全部。所有的政府權力都以不同方式參與了所有政府功能的履行。後一種構圖模型是否符合孟德斯鳩理論要求在美國存在激烈爭論（參見 Manin 1994），但這不是我的問題。

權力的純粹分立模型導致人們擔心授予了立法機關過度的權力。麥迪森（《聯邦党人文集》第 51 篇）特別指出立法權應當支配其他權力："在共和政府中，立法權必然是主導性的。"如果行政權做了甚麼立法機關不高興之事，立法機關就可以修改法律來加以禁止。法院面臨同樣處境。確實，立法權可以通過議會被分成彼此制衡的議院而受到削弱。在美國，議會被分為獨立選舉產生的參議院和眾議院。根據 1914 年挪威憲法，立法機關自我劃分為上議院（Lagting，全體議員的四分之一）和下議院（Odelsting，全體議員的四分之三）；議案由下議院提出，如獲得通過則呈送上議院。立法機關不受限制的擴權危險依然存在。Condorcet（1986 [1787]: 243）說過："任何擁有無限立法權的機構都是對自由的威脅，無論其具體形式如何。"

　　權力的嚴格分立似乎已被那些恐懼行政專制的國家所採納。法國革命者就恐懼行政專制。[3] 進而，他們認為，由於行政功能是在日常基礎上運轉的，而立法權只是間歇性行使，因此前者將會佔據主導。這樣，法國國民議會就在 1789 年接受了嚴格分立原則，將立法權從行政權分離出來。根據該制度的設計師西耶斯的說法，人民將立法權委託給一院制議會而將行政權委託給國王（Vile 1967: 204-5）。其中的每一種權力都有着代表性，享有平等地位。相應地，每種權力都必須限定於適當功能範圍之內，避免干涉其他權力，這就意味着不應當存在制衡。這一原則幾乎在其被接受時就在實踐中崩潰了：到了 1792 年 9 月，國民公會壟斷了所有權力。分權原則在 1793 年的山嶽派憲法中被完全廢除，而在 1795 年以兩院制的嚴格分立形式得到恢復，但卻為立法與行政的衝突準備了舞台，該憲

3　Vile（1967: 193）首先將法國對嚴格分立原則的信奉歸結於盧梭的影響："對這一理論之強度與韌度的解釋應以這樣的方式加以尋求，即盧梭的思想已經覆蓋了孟德斯鳩。"不過，當他開始討論制憲會議的審議性時，他觀察到多數派"恐懼王室支配"（1967: 204）。

法被證明是同樣短命的。

　　通過反思個人的部長經歷，墨西哥憲政主義者 Lucas Alaman（2008 [1832]）認為權力的嚴格分立是不可維持的，因為立法機關主導，導致了行政權缺乏足夠權力實施統治。Aguilar（1998: 74）觀察到，在墨西哥，"一般認為，1857 年憲法賦予立法機關以主要權重要歸結於對桑塔·安納獨裁的記憶，這種記憶警示選民們存在行政強權的風險。"他主張——加爾加里拉持異議（Gargarella 2002）——這一模式在拉美比比皆是。Aguilar 引述墨西哥一位著名憲政主義者 Emilio Rabasa 的觀察，"兩種權力的完全分立並不能確保權力平衡"，認為嚴格分立制度必然退化為一種例外體制，其中立法機關臨時而不斷地向行政機關實施授權。他指出，在共和復興時期（1867-72）120 個月的 50 個月中，政府行使超乎尋常的權力。

　　美國在經歷了一場激烈爭論之後接受了制衡模式，那裏的主要恐懼是針對立法機關的。即便有着相應的保障措施，立法機關由於被分為兩個院還是遭到了另外的削弱。隨着其最終的發展成熟，美國模式賦予政府所有分支以某種角色去履行所有的政府職能。當然，這一解決方案同樣沒有建立起權力平衡：1792 年聯邦黨人控制了所有權力，而 1800 年敗選之後，共和黨人又全權在握。

6.2.3　權力平衡

　　分權，無論是嚴格分立還是相互制衡，都旨在確保權力平衡。不過甚麼是"權力平衡"呢？首先牽涉一種純粹的語言學評論。在包括英語在內的若干語言中使用的這個詞應當是"均衡"。不過，建國之父們在當時並未想到這個詞，如今至少某些人能夠想到，特別是在一種遊戲理論的意義上，即這樣一種狀態，給定他者的運動形式，沒有甚麼物體希望偏離某個特定的運動過程。他們使用的"平衡"在意義上源自物理學，一種重力與反重力的相等狀態，一種通過衝突力量的向量合力達成的寧靜狀態。[4] 如果某種力量在天平的一端施加強大推動力，其他力量就需要在另一端發力以恢復平衡。儘管如此，平衡在適用於政府領域時意味着某些更為特定化的東西。

聲稱權力是平衡的，就是在聲稱只有且全部是取得了政府所有及格分支之合作的那些行為被牽涉其中了。舉個類型化的例子，某個公民被監禁，僅僅在於：立法機關通過了一部規定其行為可懲罰的法律；法院裁決該行為觸犯了該法律；行政機關將該公民收監執行。假使立法機關通過的一部規定行為可懲罰性的法律涉及到受憲法保護的有關活動，假使法院宣判某人的某種行為在先前並不具有可懲罰性，抑或假使行政官僚機關在未經法院直接宣判的條件下就監禁某人，我們會說權力的平衡已被打破。某種權力單邊行動，也就是說沒有得到其他權力的權威性同意。當然，假使任何一個權力分支不能根據其他分支的權威性指示行動，此時的平衡亦被打破：法院不能宣判某

4　"均衡"的直覺在 Parsons（1951）的功能主義社會學及其追隨者的政治科學中仍有出現。比如對 Easton（1953）而言，均衡意味着"輸入"與"輸出"的相等狀態。

個犯了法定罪行的人；行政機關不能執行立法機關或法院的命令；政府作為一個整體，由於某個分支的單邊不行動而無法行動。在單邊行動的情形下，權力平衡的打破導致政府採取濫權與壓迫行動；在單邊不行動的情形下，失衡導致的是政府的失效，即不能保障秩序。

一旦政府職能被分配給不同權力機構，甚麼能確保這套系統如預期般運轉呢？保持權力間適當平衡的具體機制是甚麼呢？這些機制對政府而言可以是外部的或內部的。相應地，可操作的方式取決於政府的每一分支是否代表了某個特定的社會團體，或者全部分支是否代表了全體人民。

在可追溯到亞里士多德與波利比奧斯並得到馬基雅維利復興的混合政府理論中，政府的每種權力都代表了不同的社會團體。在佛羅倫斯，這些團體就是富人和人民。在 18 世紀取得主導性的等級制就建立在這種代表制基礎上。根據當時的理論，立法機關應當建立在兩院基礎上，其中一院代表貴族，另一院如果不是特別代表窮人的話，通常代表某些更寬泛的社會團體。因此 Mably（1783）確信這種兩院制，據此"貴族制和民主制達成了均衡"（Palmer 1959: 270）。在關於國王在議會中的英國輝格理論下，國王是民族的象徵，非選舉的上議院代表貴族，而選舉產生的下議院代表人民。

這種理論無論是在美國還是在法國都遭到了民主派的反對。Manin（1994: 30）觀察到："混合憲法的理論家們堅持認為，為了避免權力濫用，不同的政府機構應當能夠積極相互抵制和反向平衡。此外，平衡政府的傳統教義規定，政府的不同分支應當代表不同的社會力量。然而，關於制衡的現代概念不再承受後一層面的內涵。"民主派認為整個政府，所有權力分支，都應當平等代表全體人民。漢密爾頓在費城制憲會議上強調："一個民主的國民大會應當受到一個民主的參議院制約，二者應共同受到一個民主的行政首長制約"（轉引自 Wills 1982: xvi）。政府的分支是根據其功能與特權而區分的，不是以其政治基礎來區分的。再次引述 Manin（1994: 29）："《聯邦黨人文集》事實上打破了經典的輝格原則，即立法機關的大眾分支（下議院）是人民的特權化甚或排他化的代表。相反，他們認為政府的每個分支都是人民的平等代理人。"

如今，人們可能會認為，如果不同議院代表不同的社會團體，那麼它們之間的平衡就只有通過這些團體才能維持。事實上，在混合政府的絕大部分版本中，權力間的平衡是一種階級妥協。Paskuino（1999）主張，與亞里士多德和馬基雅維利不同，波利比奧斯在承認不同權力代表不同社會團體的同時並沒有在其模式中為積極公民保留任何角色。權力平衡是通過社會機構間的相互制約而獲得維繫的。

這兩個維度——外部制約與內部制約、階級代表與民主代表——在原則上是相互獨立的。等級基礎上的政府可以通過制度性的內在制約或者動員不同的政治基礎力量來維持平衡。相應地，每一分支代表全體人民的政府則通過內部制約或者由於人民對任何分支篡權行為的抵制而維持平衡。反之，制度性設計出來的制衡機制可能就足以維持權力平衡，無論是每一分支代表一個不同社會基礎，還是所有分支都代表全體人民。

不過某種權力平衡到底如何維持呢？因為民主派反對社會地位的合法區分——這種區分為等級制政府提供基礎——他們面臨的唯一議題就是，那些制度性制約機制是否真的足以維持權力平衡，還是說仍然需要人民施加的某種外部干預。Palmer（1959: 262）總結道：

> 真正的問題（這是個真問題）是防止憲定權篡奪超出授權範圍的更多權力。根據一個學派的立場，政府的若干憲定權通過相互監察、平衡與制約，就可以防止這種篡權。根據另一個學派的立場——該學派認為前一學派是不民主和不信任人民的——人民自身必須經常保有對政府權力的警覺和限制。

這是麥迪森與傑弗遜的一個爭辯主題（參見 Manin 1994）。被考慮的制度裝置——"作為一種在所有情形下的準備，用於確保權力的不同部門在憲法限度內運行"——就是定期的制憲會議。麥迪森反對這一方案，因為他認為這樣一種會議將會形成與立法機關之家的串謀。[5]Manin（1994: 55）指出："借助這一關鍵性的觀察，麥迪森否認了在最終的分析中制憲會議可能成為一種真正的外部性執行機制。"一種外部力量或第三方的觀念——據此可以確保立法機關與行政機關在其適當

5　不過，孟德斯鳩（Montesquieu 1995 [1748]: 593）認為，更加大眾化的分支將是行政分支，負責 "處理所有的僱傭聘任事宜"。

限度內運行——在法國也出現了，比如 Condorcet 1793 年提議的"國民陪審團"以及西耶斯隨後建議的"憲法陪審團"。不過沒有任何一個建議被接受。

孟德斯鳩（Montesquieu 1995 [1748]: Book XIX, Chapter XIX）確實簡要考慮過源自政黨的對權力平衡的威脅，心中想到的是托利黨和輝格黨。不過，他沒有將之視為一種致命威脅。就像麥迪森在聯邦黨人壟斷所有權力時會訴諸人民一樣，孟德斯鳩為人民在政府中找到了一個角色——恢復權力間平衡："因為這些政黨是由自由人組成的，如果某個政黨取得了某種過度優勢，當公民們像雙手保護身體一樣起來支持另外一邊時，自由的結果就將導致該優勢被減損。"即便人民像其往常一樣誤解了相應危險，他們還可依賴其明智的代表。進而，如果某種權力成功地違反了根本法，"一切將聯合起來反對它"；會有一場革命，"這場革命不會改變政府形式或其憲法：因為由自由塑造的革命只是對自由的一種確認。"

孟德斯鳩作出的假設是，人民不會與違法權力結盟去對付其他的權力。他通過主張人民會經常改變黨派忠誠來支持這一假設。不過，人民為甚麼要反對一個根據人民利益而行動的政黨呢，即便涉及違法？同樣的問題亦折磨兩個世紀後由 Weingast（1997）提出的解決方案。假定政府超越了憲法設定的限度，根據當下多數派利益而行動，壓制了少數派的權利。Weingast 認為，這種違法可以被阻止，只要當下的多數派行動起來加以反對，害怕一旦自身淪為少數派也會遭到政府壓制。然而困難在於，沒有甚麼可以保證多數派會發生改變，在此處情形下政府和永久的多數派將會串謀壓制少數派。有人可能會主張，就像 Holmes（1995: 165-6）一樣，人民希望保持分裂政府的狀態，將分裂帝國原則反向適用。因此，只要政府的某個分支試圖取得主導地位，人民都會行動起來以恢復權力平衡。儘管如此，該觀點再次假定了，即便人民處於違法行為的受益一方，也會自願反對這種行為。我並不是主張人民不會這樣做，只是認為人們不能將該觀點建立在利益基礎上。只要利益牽涉其中，就不存在任何"外部"力量。

　　在否定了外部機制之後，麥迪森（《聯邦黨人文集》第 49 篇）轉向了內部機制。他希望這樣來解決問題"設計出一種政府內部結構，使得其若干選民基礎部分通過相互間的關聯可以成為確保各分支各就各位的一種手段。"這種方案需要兩個要素。第一個要素是動機：為甚麼作為特定分支民眾基礎的那些個體，想要保持其他分支的適當地位？眾所周知，麥迪森假定政府部門中的職位佔有者，將會僅僅受到其制度性職位的激勵："人的利益必須與其職位的憲法權利相關聯。"由於每一個制度性職位的佔有者都會尋求保護甚或擴展其制度性權力，"每個權力部門就應當有一個自身的意志。"[6] 一旦他們有了動機，因此就需要工具，而這正是內在於制衡機制的程序所要提供的。其結果就是一段常被引用的來自《聯邦黨人文集》第 51 篇的文章："不過防止多種權力逐步集中到一個部門的重大保

6　人們可以在皮爾斯、羅蘭德和泰布里尼（Persson, Roland, and Tabelini 1996）那裏尋到這一假定的迴響，在那裏"立法機關"從事着一種反對"行政機關"的博弈遊戲。

障在於賦予各部門管理者以必要的憲法手段和個人動機去抵制其他部門的侵蝕……野心必須用野心來對抗。"這一立場密切回應了孟德斯鳩（Montesquieu 1995: 326）的主張："為了防止權力濫用，有必要通過事物的特別安排，以權力制止權力。"

無論麥迪森的動機假定在其同時代人中有無說服力，它都顯得頗為單薄。為甚麼野心要成為政府權力分支的附屬品？為甚麼不是立法者尋求來自行政部門的支持或者行政部門尋求立法者的支持？為甚麼野心不是使得政府成為一個對抗人民的整體性強權？最後，為了引入籠罩於權力平衡整體概念上的陰影，為甚麼野心不是黨派性的而是制度性的？

6.2.4　分裂政府意味着有限政府？

一種形式上的分權，無論是其嚴格版本還是制衡版本，都可能但不必然產生權力平衡。儘管有着各種分權與制衡機制，但某種權力仍然可以取得政治主導性。儘管如此，我們假定權力間確實取得了平衡。取得權力平衡的政府就一定是寬和的嗎？一種顯然的可能性在於，它們相互串謀並濫用所掌握的權力。密爾（Mill 1859: 6-7）評論道，分權理念的出現旨在保護自由免遭與人民相對抗的政府的侵犯。不過，一旦統治者不再是獨立自主的，因為他們是選舉的而且可以被罷免，"有些人就開始認為，付諸權力限制本身的重要性太過了。"一般認為，通過選舉實施授權，人民保留着權力而且"國民不需要通過對抗自我意志獲得保護"。儘管如此，密爾繼續寫道："諸如

'自治'以及'人民的自我權力'這樣的術語並未表達出事物的真實狀態。"他得出結論，認為多數人統治也可能和獨裁政府一樣是壓迫性的。因此，對"多數人暴政"的預防"和對任何其他權力濫用形式的預防一樣都是必需的"。

　　這裏的整個討論——我試圖保持在早期建國之父們的視野之內——已顯得過時，以致於繼續下去將導致失焦。如果不承認政黨的角色而單純分析分權與政府行為，是沒有意義的，或許從一開始就是。政黨在大多數情形下導致對分權的聚焦變得沒有實質意義。如果同一政黨或政黨聯盟控制了立法機關、行政機關並委任了法官，那就只有一種權力：多數派權力。政府職能仍然是不同的，不同的分支仍然從事着不同的事務；甚至還處於純粹的議會制下，議會立法，政府執法，而法院司法。再者，同一政黨的成員還可能各自站在所服務的部門利益立場上。儘管如此，議會立法和政府執法所反映的仍然是那個黨派多數的意志。

　　分權的核心問題在於，它只是一種有些遲鈍的工具。它所闡發的選擇性在於，某個政府——任何政府——到底應當是有能力的還是無能力的。這一選擇可以僅僅受到對未來政府好壞之預期的指導。[7] 如果我們確信政府是好的——意味着它們即便有能力亦不想侵蝕個人自由——那就沒有理由去分權和制衡。不過，由於對自由的侵犯是需要加以防止的最大罪惡，對未來統治者性格的不確定性就足以證成預防措施。因此，很好

7　關於適用這一憲法選擇推理的一個模型，參見 Laffont 和 Tirole（1994, Chapter 11）。

認定政府採取協調行動的難度。

　　當然，制衡的後果就是，政府不僅不能做壞事了，也不能做好事了。內在於分權的問題是，它缺乏促進政府行為聯合的手段。Vile（1967）觀察到，當孟德斯鳩面對這一問題時，揮揮手就加以解決了，聲稱政府依據"事物的必然運動"將會一致行動。至少有一位美國憲法名家認為，建國之父們"對政府為惡的恐懼……導致了政府不能為善"（McIlwain 1939: 246）。Finer（1934: 85）不是孟德斯鳩的仰慕者，抱怨説後者"將所有關於政府的討論轉化為關於專制的討論……這是一個好的解決方案，但作為一種創造性機構則是遠遠不夠的。"結果，芬納診斷出："美國憲法通過特定的制衡機制成功地導致了政府接近於無能。"Vile（1967: 15）總結道："防止政府侵蝕個人自由的關切導致了弱化政府的有關措施，使其不能有效行動以提供那些社會與經濟生活的前提條件，而此類條件對於個人合理運用自身潛能是至關重要的。"

　　一個分裂政府在如下意義上是有限政府：既不能做某些壞事，也不能做公民希望之事。如果名義上的分權確有其效，如果分權不被黨派政治支配，那麼政府行為的範圍就可能是有限的，但其回應多數派意志的能力也同樣有限。

6.3 維護現狀

6.3.1 中立性與超多數

某種集體決策規則是中立的，只要它不基於某種優越性基礎而偏向任何選項。這就將簡單多數規則與其他決定性、匿名性和回應性的決策規則區分開來了（May 1952）。相應地，簡單多數規則有着一種頗具吸引力的特徵，即它最大化了盧梭、康德和凱爾森意義上的"自治"，也就是酷似集體決策的集體比例性（Kelsen 1988; Rae 1975）。

儘管有此吸引力，中立性仍然可以基於一系列理由而被否決。

首先是義務論的理由。有人可能堅持認為某些選項，比如權利，應當在任何決策程式中獲得特權性對待。舉兩種基本自由權利中的一種來說明，財產權應當免於簡單多數的決定。因此，中立性不應當適用於涉及財產權的議題。

其次是認識論的理由。某些決策可能獨立於個人偏好分佈而被承認為"正確"的。"上帝意志"可以是這類知識的一種來源；專家意見可以是另一種來源。

第三是審慎性理由。犯下某些錯誤可能會被認為比犯下其他錯誤更不好。例如，我們可能想要保持無罪推定，意味着無罪判決應當優先於有罪判決。更一般而言，基於風險規避的理由，對世界的熟知狀態可能要優先於創新。

當然，暫且不論各自立場，這些理由標示出了潛在的例外；也就是，它們表明了中立性在何時不應當適用。

　　一種決定性、匿名性、回應性但並非中立性的規則就是一種超多數規則。相應地，超多數規則保護的是現狀。如今，超多數規則與現狀之間並非一種邏輯關係。人們可以想像這樣的規則，一旦某個特權性選項遭遇到某個非特權性選項，前者只要獲得某些及格少數群體的支持就可勝出，無論本身是否屬於現狀。例如，除非三分之二多數反對，與現狀相比，知識產權應當擴展範圍或者墮胎應當加以限制。當然，我並不知道這類規則的任何實例。相反，在絕大多數民主體制下，改變現狀需要得到超多數支援。

　　請注意，風險規避不等同於穩定性。支持法律穩定性的一個普遍論證是，它允許人們來規劃自己的生活。儘管如此，這一論證並不要求訴諸超多數規則。如果人們看重法律穩定性，那麼簡單多數派就不會輕易改變法律，即便他們在某種程度上確實偏好另一種法律秩序而不是現狀。因此，簡單多數規則足以防止反覆無常的法律變革。

6.3.2　兩院制與超多數規則

　　我要拋出的觀點太過明顯，以致於我不太情願說出來。再者，它甚至並不是原創的：參見 Levmore（1992）。儘管如此，它值得予以重申。

　　兩院制 [8] 是一種超多數設置：某項動議在一院制的簡單多數規則下可以通過，但是在源自同一個單一制議院的兩個立法院分別適用簡單多數規則時卻不一定能通過。如果兩院制立法機關的組成不是任意的——以便兩院都是"多元化結構"，用布坎南和塔洛克（Buchanan and Tullock 1962）的話來説——那麼為了使某項動議通過兩院審議，就需要一種超越一院制簡單多數的決策規則。

　　為了突出要點，我將選民因素剔除出去。選民的全部任務就是選舉出如下規模的一院制立法機關：$H=L+U$。其中 L 是指下議院，U 是指上議院，但它們在事實上有着相同的權力，至多在規模上有差異。整體的 H 議院包含 Y 名支持某些動議的議員和 N 名反對議員。一旦 H 議院選舉完畢，其成員就被分為 L 和 U 兩個院。某項動議在一院制立法機關中只需要滿足 $Y>H/_2$ 就可通過。該動議在兩院制立法機關中當且僅當 $Y_L>L/_2$ 而且 $Y_U>U/_2$ 時才可以通過，右下角的腳標代表各自議院。

　　問題的關鍵顯然是分院過程。假定 p 是 Y 型議員被分配到下議院的概率。因此，對於某項要被兩院制立法機關同意的動議而言，就必須滿足 $pY>L/_2$ 且 $(1-p)Y>U/_2$。

　　請注意，當 $Y=H/_2+\varepsilon$ 時，這裏的 ε 是一個任意的小數字，那麼某項動議被兩院通過的唯一概率就是 $p=p^*=L/H$。[9] 換言之，如果整體議院裏的單純多數支持某項動議，那麼該動議當

8　關於兩院制簡史及其支持性論證，參見 Muthu 和 Shepsle（2007）。

9　這是因為：$p^*Y=(L/H)(H/2+\varepsilon)=L/2+(L/H)>L/2$ 且 $(1-p^*)Y=(U/H)(H/2+\varepsilon)=H/2+\varepsilon(U/H)>H/2$。

且僅當整體議院以獨立於議員各自議題立場的方式，被任意分組時才能通過。

反向觀察這一關係更加有趣：如果進入任一議院的概率，並不取決於立法者的議題立場，在單個議院裏的單純多數就足以在這個分裂議院裏通過該項動議。不過假定分院不是任意的：選舉制度中存在某種機制——無論具體是甚麼——以不同方式將議員分配給兩院。選民的偏好是固定的。界限完全取決於選舉制度本身。現在的問題是：如果分配概率不是任意的，即 $p>p^*$，整體議院的多數需要甚麼才能在兩院裏通過某項立法呢？

由於 $p>p^*$，某項在整體議院獲得多數支持的動議一定可以在下議院通過。為了在上議院通過，它必須滿足 $(1-p)Y>U/_2$ 或 $(1-p)(Y/H)>(1-p^*)/_2$ 或者

$$\frac{Y}{H} > \frac{1}{2}\frac{1-p^*}{1-p}。$$

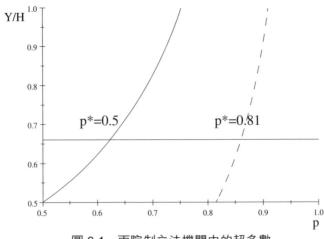

圖 6.1　兩院制立法機關中的超多數

　　圖 6.1 顯示了在兩院通過立法所需的多數程度取決於兩院的相對規模 ($p*$) 和非任意分組的水準。當兩院規模相當時，$p*=0.5$；在美國，$p*=0.81$。把 $p-p*$ 設定為將支持者 Y 不合比例地送入下議院的偏差值。橫線代表了三分之二的超多數；你可以看到，獲取所需的超多數只需要一個相對小的偏差值。

　　立法過程更複雜的模型也可產生相同結論。比如，卡特羅和麥卡錫（Cuttrone and McCarthy 2006: 184）總結出："如果兩院中的中位議員偏好各異，那麼他們間的任何現狀都不可能經由兩次分別多數投票來打破。"Iaryczower、Katz 和 Saiegh（2009）研究顯示，已通過眾議院的議案中有 25% 在參議院被重大修改，而還有"驚人"的 45% 從未有機會付諸投票。他們研究了這樣一個模型，其中眾議院內的多數派規模提醒了參議員們關注具體議案的品質。他們了解到，眾議院中五分之四的多數就足以促使參議院通過在眾議院提出的有關議案。給定兩院的具體規模，這些數位就可轉換為 74.4% 的超多數。

表 6.1　議會組成與否決權（年度觀察）

議院	否決權		第二院		
	一次	再次	擱置	封殺	合計
1	7,031				7,031
2		75	1,291	4,653	6,019
3				28	28
合計	7,031	75	1,291	4,681	13,078

6.3.3 若干事實

因此兩院制是一種保護現狀的方法。另一種制度工具是立法機關之外的某個行動者的否決權：即便兩院制立法機關通過了某部法律，對現狀的改變仍然可能被總統、君主或司法機構所阻止。

這種否決機制的頻率是驚人的。表 6.1 提供了自我們擁有相關資訊的 1788 年以來世界立法機關的統計資訊。在全部年度觀察裏，一院制立法機關佔優的概率僅僅是微弱過半。相應地，在幾乎所有的兩院制立法機關中，兩院都可以影響立法；在約 20% 的年份裏，其中一院僅僅可以推遲或要求重新考慮（"擱置性"否決），但在剩餘的情形下兩院都不得不同意立法生效。

表 6.2 相應顯示了在不同類型立法機關通過後的立法被不包括法院在內的外部主體封殺的頻率。只有約 25% 的情形下立法不被封殺；在剩餘情形下幾乎對半分為擱置性否決和毀損性否決。

表 6.2　立法機關外的封殺者（不含法院）

否決權		立法機關外		
議院	無	擱置	封殺	合計
1	1,184	1,990	2,984	6,158
2	1,763	2,993	1,822	6,578
3	5	5	22	32
合計	2,952	4,988	4,828	12,768

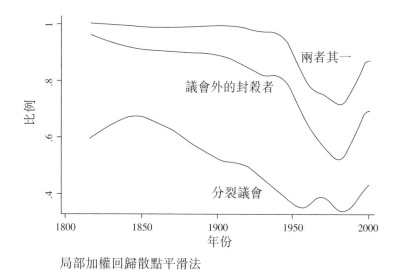

局部加權回歸散點平滑法

圖 6.2　超多數機制（按年）

最後，圖 6.2 顯示了這些機制按照時間變化的頻率。兩種
否決機制中至少有一種幾乎出現於 1950 年代之前的所有代議
制國家中。所謂的分裂議會——包含超過一個議院的議會，皆
有權影響立法——在 19 世紀中期以來出現率減少。相應地，
議會外的封殺者在後殖民時代非洲新國家出現以來急劇減少。
儘管如此，甚至直到上世紀末，至少一種否決機制在大約 80%
的代議制國家裏出現過。

6.3.4　民主與多數規則

選入單一議院的簡單多數議員如果分院時"按不同方式組成"，就不能在兩院制議會投票中獲勝。Levmore（1962: 151）觀察到："如果提案必須通過兩道障礙而不是一道，那就幾乎肯定會出現更少的政府干預、更少的倉促立法，以及更多的現狀保護。"[10]

很少有現存的民主國家建立在簡單多數規則基礎之上。憲法上的及格多數、司法審查、兩院制、獨立機構、自治組織：這些防止簡單多數的保護性機制多樣、複雜而且含糊不清。兩院制可能不是如 Levmore 想要的那樣成為保守主義的偏好手段，但他無疑是對的"當超多數要求顯得嚴重不民主時，兩院制顯得更加微妙"（Levmore 1992: 155）。令我吃驚的是，這些超多數機制為所有領域的現狀提供了一種全面保護，即使不論那些現狀，根據簡單多數之外的某些標準來衡量，是好是壞。超多數規則保護的不僅僅是權利——權利通過特別程式和特別主體來保護——還包括普通的既得利益。

顯然，這一保護的受益人是誰取決於現狀本身，取決於

10　我所發現的對兩院制唯一的非保守主義辯護來自 Buchanan 和 Tullock（1962）：因為在多元主義選舉制度下，四分之一選民就能夠選出議會的多數派，因此兩院制不過是防止少數人統治的一種制度形式。兩院制因而是一種用來堵住選舉帶來之制度漏洞的補丁。我發現這種論證是很古怪的：防止少數人統治的最簡單方式就是實行比例選舉制。再者，Buchanan 和 Tullock 的辯護也是無力的：很容易看出，當兩院是由不同方式選舉產生時，為了通過立法就不僅僅需要議員的超多數，還需要選民的超多數。

具體的既得利益。從歷史的角度看，他們通常是有產者。
Cuttrone 和 McCarthy（2006: 180-1）觀察到："關於兩院制在英
國和北美殖民地出現的最普遍論點之一就是……確保社會上
層階級得到保護。"再者，Kiewet 和 McCubbins（1988）發現
美國總統總是非對等地行使否決權以縮減開支："總統否決的
威脅只有在總統想要一種低於國會預期的預算時才會奏效。"
相應地，經驗證據似乎表明，沒有外部否決權甚至沒有憲法審
查的一院制，並非更易於侵犯權利，或導致反覆無常的政策
（McGann 2006）。有趣的是，迪克塞特、格羅斯曼和古爾（Dixit
和 Grossman 和 Gul 2000: 535-6）得出了這樣的結論，即超多數
規則傾向於產生更不平等的結果："那些旨在保護少數羣體福
利的[超多數]機制，並不必然那樣去做；事實上，福利分配
在超多數體制下要比在簡單多數體制下更加不平等（因此也更
無效率）。"

　　迪克塞特、格羅斯曼和古爾（Dixit、Grossman 和 Gul
2000）提出的要點更具一般性。只要選民的效用函數是凹形
的，選民就會偏向於那些不伴隨政黨控制權轉移而激烈改變
的政策，而不是那些落實獲勝政黨理想綱領的政策（Alesina
1988）那些穩定的政策在下列威脅下是可執行的：選民們將不
會支持接受了極端政策的政黨，即便相關政策接近於他們的偏
好。因此，權力更替的前景迫使在位的多數派去考慮少數羣體
的偏好，即便不存在任何旨在保護少數免遭簡單多數壓制的外
部機制。即便沒有反多數機制，權力更替的前景也要求在位
者作出妥協。再者，正是權力更替的前景引致了寬和精神：

"執政者必須洞察到自身權力終結的幾率……他們必須預見到一旦失去權力後重新取得的可能性"（Dixit、Grossman 和 Gul 2000: 533）。

我並不是在主張一個足夠龐大的多數派不能在民主體制下自行其是。我也不是在主張一種純粹的多數統治；多數派可以是愚蠢、短暫與邪惡的。不過，與確立圍繞財產權的隱秘塹壕相比，精準規則應當規範哪些議題需要由具體標準來確定。

6.4 公民與政府

對於民主而言，"代表"或其同類常被認為具有典型性，如果不屬於定義性的話：Dahl（1971: 1）觀察到"民主國家的一個關鍵特徵是政府對公民偏好的持續回應性"；Riker（1965: 31）斷言"民主是一種統治者完全對被統治者負責的政府形式"；而 Schmitter 和 Karl（1991: 76）堅持認為"現代政治民主是這樣一種治理制度，即統治者要就其在公民界定之公共領域的行為被問責"。首先要注意，公民與政府行為的關係被多樣化地描述為回應性、負責性和問責性。這裏不是探究這些術語具體區分的場合（可參考 Przeworski、Stokes 和 Manin 1999），重要的是某些代理成本是不可避免的，除非政府與其支持者完全同心同德。

儘管政府不能代表全體人民的意志，但特定政黨的支持者或許有着足夠的同質性使得某種黨派利益觀念具有意義。誠然，即便是特定政黨的支持者仍然可能是多維度的，所以黨派利益不必然是獨一無二的。不過，考慮到其他政黨的綱領——我指的是據以形成立場的議題和立場本身——支持者所同意的綱領將是有限定範圍的。[11] 在選舉中，人民是通過對政黨提議的反應所形成的不同意志來自我界分的，那些提議必須相應預測人民將會如何自我界分。最後，"選舉均衡"達成，人們投票支持特定政黨，是因為他們認為這些政黨要比其他政黨更好代表自己。因此，黨派利益是有分別的。

為了理解這一過程，考慮一下兩黨（或政黨聯盟）之間的選舉競爭，它們選擇的都是單一維度的政策，比如再分配水準。只要政黨提出或實施不同的綱領，除非有些選民的理想偏好與兩黨提議是等距的，幾乎所有選民都會嚴格地厚此薄彼。當然，即便兩黨提出了相同綱領（比如中位選民模型），他們代表的仍然是不同選民基礎。選舉性約束推動着各政黨靠近中位選民的立場。儘管如此，政黨仍被劃分為"左"(left) 和"右"(right)，下面將會看到。如果選舉性約束放鬆一個等級，只要兩黨提出實施從中位線左移的某個選民的理想偏好，兩黨本可以有同等機會獲勝（這裏的幾率是 50 對 50），然而左翼政黨會向這位選民移動而右翼政黨不會。因此，即便兩黨立場有所匯集，它們也分別是從"左邊"和"右邊"來匯集。而選民知曉這一邏輯。在不同選舉中政黨可以改變其目標，而選民也可改變其偏好，因此不同的選民團體可以在不同時期被不同政黨所代表。不過，在每一時期，利益與價值總是沿着黨派界限聚集的。

11　這些直覺以及它們僅僅是直覺，基於羅伊梅爾（Roemer 2001）的研究。

這並不是在説，政府可以承認自身根據黨派利益而行動。全體一致的意識形態監察力量，不斷地與選舉的黨派化屬性產生衝突。選舉必須將選民分裂為不同黨派基礎；而當選的政府又必須時刻注意縫合選舉傷痕。在經歷一次超常分裂性的競選之後，傑弗遜於 1801 年通過向聯邦黨人妥協讓步首次實施政治縫合。在經歷 2004 年的一次同等衝突性的選舉且訴諸了極端宗教團體之後，小布殊總統在勝選演講中急切呼籲"國家團結"。[12] Salvador Allende 的宣言"我不是所有智利人的總統"是一個極大的錯誤。關於政黨分裂人民的指控在民主歷史上經久不息。儘管如此，選舉還是演化到了黨派階段，而政府也了解到，它們必須面對選舉，因此必須以黨派方式行動，即便它們不能公開承認。

只要政府政策沿着選舉中表達出來的多數意志方向變革，回應性原理就仍然處於代表制框架之內。我們需要假定的只是，如果政府輪換了，至少某些政策會朝着選舉出新政府的人民偏好的方向傾斜。只要政策朝着有悖常情的方向變化，自治就已喪失（即便選民改變了先前的想法，參考 Stokes 2001）。

當然，回應性並不要求政府成為完美的代理人。為了理解到底涉及到了甚麼，考慮一下最簡單的問責性模型。假定某個政府當選，有 T 年的任期，在此任期內可從公民那裏汲取一定數額的權力租金 $S(T)$。預期到這一可能性，公民們（無論是

12　這一"團結"講話有多麼空洞立即就在小布殊向"所有分享我們勝利目標者"的邀請中暴露無遺。作為一名共和黨掌舵者，他曾很輕率地承認過："政治不是要團結人民。政治是要分裂人民。同時還要取得 51% 的選票"（*New Yorker*, June 2, 2008）。

同質性的還是策略性的）設定了一個激勵計劃，據此如果政府的租金汲取不超過 R 就可繼續當政，但是如果租金汲取超過 R 就會敗選。假定政治家們希望汲取越多越好，現任政府就面臨者這樣的選擇：要麼汲取額 $S>R$，在一段時間後敗選；要麼汲取 R，繼續留任。導致政府不同命運的租金數額由下列方案給出：

$$U(S) = \frac{1}{1-\rho} U(R)$$

當 $\rho < 1$ 時，租金率意味着政治家不顧政治前途了。[13] 這一等式的 R 值代表了公民必須給出的政府繼續當政的激勵型租金數額。這一代理成本，用 Shapiro 和 Stiglitz（1986）的術語就是"效率工資"，是不可避免的，即便它可能因為在任者的動機以及諸如司法審查、透明度之類的制度安排而有所不同。

在這一簡單形式中，問責性模型產生了反事實的結論：在任者總是回應這一激勵計劃而選民總是依賴它，因此在任者就總是不斷當選。不過這足以讓政府搞不清楚公民的偏好或者公民怎樣改變心意，因此這一觀點就變得問題重重。請注意，公民們完全不受其承諾的約束——事實上，他們未寫下任何合同條款，即便寫了，也沒有人可以強制執行。公民可以將其投票建立在任意的考量基礎之上；世界盃慘敗甚或鯊魚襲擊（Achen

---

13 如果政府只在任一屆，租金是 $U(S)$。如果政府汲取的是 R，它就可以一直連任並獲得 $\sum_T \rho^T U(R) = [1/(1-\rho)]U(R)$。這些效用是標準化模型，規定政治家一旦敗選，從此毫無租金收入。

and Bartels 2002）都可能導致他們趕走憎惡的政客，即使可憐的政府官員甚麼也沒做。不過，如果公民不能被信賴重新選舉出稱職的政府，他們就必須對政府提供更加慷慨的激勵。

這一模型可以而且已經被以數不清的方式複雜化了，但問責性機制的本質保持不變：

第一，政府被一種威脅誘使着回應多數派的意志，即如果它不那麼去做，就會敗選失權。

第二，政府從來不是完美的代理人；公民們必須甘願忍受代理成本以保證激勵計劃的有效性。

如果政府有着某些自身利益且有着不同於支持者多數的偏好，那麼這些代理成本就會上升。代理成本只是意味着公民們必須忍受治理中的某些維度，亦即他們的委託並不完全是強制性的。這些成本與腐敗不同，後者是一種超額物質租金，超出了公民們必須且願意忍受的必然數額。因此，回應性並不排除代理成本。代理成本在任何政府體制中都不可避免，但並非所有的政府都具回應性的。

第七章　自由

7.1　引言

　　自治是一種特定類型的自由——生活在自身愜意其中的法律下的自由，而不是生活在必須生活其中的法律之下。這一從盧梭到凱爾森的觀點就是，為了共同生活，我們必需置身法律之下，而自治是唯一可能的自由形式。自由並不意味着自然狀態的自由。法律秩序使自然狀態中不可行的行為變得可能：在自然狀態中，每個人都處於他人的攻擊或掠奪之中，因此沒有人能免於他人的干預。自由只有在社會之內而非之外才有可能。

　　但是必然性並非自由所創。盧梭的承諾——我們將和"過去"一樣自由——是反事實的對比，因而是不相關的。任何一種法律秩序都是一種壓制形式。即便我們一致同意接受了某種特定的秩序，也並不意味着每個人都享受這種服從。某種法律秩序只是暴力威脅下強加的合作。一種由多數派強加的秩序甚至更加繁苛，因為它只是強制性合作的若干可能形式之一。

　　再者，某些法律秩序要比其他秩序更為繁苛。即便我們必須生活於某種法律體系之下，也不是我們生活的所有層面都必須受到規制。孔多塞（Condorcet 1986 [1787]: 206）觀察到："在所有立法中都有兩個不同的部分：其一，決定哪些目標可以正當地加以立法；其二，決定法律應當做些甚麼。"決策原理並不要求事事都必須或應當受制於集體決定，只有那些一旦偏好被揭示我們即知道應當做些甚麼的議題才如此。人們對於甚麼應當受制於公共規制常有不同偏好；性興奮劑、藥品使用和同居形式是新近的例子。一旦某種集體決策明白無誤地表明藥品使用是否應當非罪化，亦即留給個人自我裁量，而不僅僅是表明該行為是否應當配置 20 至 30 年的監禁，那麼這一決策就是決定性的。比如，美國憲法國父們決定不對宗教事務立法（Holmes 1988），而有些民主國家則將某種宗教規定為官方宗教。

將某些事務置於法律範圍之外的可能性，其內涵之一在於，與 Dahl 不同（Dahl 1989: 142ff），自治並非一種福利主義標準。福利所界定的是個人可從中獲取效用的客體。由於法律負責在公共和私人物品之間分配消費品和資源品，有人可能認為對法律秩序的偏好就是對福利分配的偏好。不過，法律體系之差異不僅在於它們產生了甚麼，還在於它們允許個人通過自身行為取得甚麼；它們的差異在於在多大程度上允許個體選擇。某部法律可能命令有特定收入的個人支付特定數量的稅收，或者可能留待個人自己決定捐獻多少作為他人福利（後者是老布殊總統的理念）。某部法律可能強制所有人閱讀《聖經》，或者留待他們自己決定是閱讀《聖經》還是《查泰萊夫人的情人》，全不或全部。法律塑造了 Sen（1988）所謂的"能力組合"，亦即個人通過自身行為可以獲取的一系列"功能"。由於能力組合包括了實施選擇的能力，它們就不會因為物品消費、閒暇、羅爾斯主義基本品或效用而耗竭。自治不是一種福利主義標準，因為法律決定的是某個人能夠取得甚麼，而不是實際取得了甚麼。

自由必須超越盧梭或凱爾森界定的自治內涵：不僅有生活於法律之下的自由，還有免於政府干預的自由；不僅有通過法律的自由，還有免於法律的自由。這兩種自由難以相容，二者間的平衡從來都不顯著。因此，描述真實民主特徵的一種方式就是提出 Berlin（2002: 35）的問題："我在多大程度上被統治着？"從托克維爾（Tocqueville 1986 [1835]）到馬爾庫塞（Marcuse 1971），民主學者列舉出了過度規制的領域，提出一人之暴政要被多人之暴政所取代。視自由為"一切"的建國之父們，在通過法律的正當適用獲得安全，與抵制對私人生活的干預之間徘徊猶豫。這一議題引發了在許多國家日益以黨派界限組織成形的"保守派"和"自由派"的分裂。它在當代許多民主國家仍然是一條深刻的政治裂縫。

7.2　無權的賦權

為甚麼法律在賦予人自由方面是必需的？這一爭辯可通過適用一種年代錯誤的分析工具博弈論來加以最佳說明。

法律可以在如下情境下使我們自由：對個人利益的追求導

致了不理想的集體結果。這種情境可根據囚徒困境加以類型
化：

	j	
	合作	背叛
合作	3,3	1,4
背叛	4,1	2,2

i

　　審視一下這種情境。有兩個人 i 和 j，各自可以選擇合作
或背叛。他們都喜歡高回報而不是低回報。無論 i 做甚麼，j
都想着背叛；無論 j 做甚麼，i 也都想着背叛；因此，結果是
兩人都選擇了背叛，各地得分均為 2。不過假定外部條件不
變，各自本可都得 3 分。然而他們實際選擇的結果要比他們可
以獲得的結果更差。例子是大量的：其中的一個經典例子是，
人們搶佔各自的財產，因擔心自身財產被搶走而無人投資。由
於這是一個常易引起混淆的話題，讓我僅僅強調這裏沒有假定
任何具體偏好內容：如果所有人都完美無私而只想着讓別人
享有財產，那麼一切就都好了。這裏要緊的是每個人都獨立行
動，不只是偏好內容未予假定。

　　我們如何補救這一境況呢？我們可以接受法律。法律可以
規定人人必須合作，違反者將會受到懲罰。假定我們要投票決
定到底是接受一部法律還是放任事務"如初"，允許個人獨立
作出決定。由於服從法律可以使我們每個人好過自然狀態，支
援法律的投票將會是全體一致的。我們的共同利益在於每個人

都得 3 分，而我們的公意在於每個人都應當合作。進而，每個人自由地合作僅僅在法律強制每個人如此行為時才有可能。在自然狀態中，我將知曉一旦我進行投資，別人就會搶佔我的財產，因此我不能也不會自由地投資。

不過，取得 3 分並非是個人的最佳得分。如果你遠離我的財產，我仍然想要佔有你的財產；如果你選擇合作，我還想着背叛。我們必須被強制着對抗自己的意志，不進行背叛。公意並非眾意的加總。[1]

集體受益型結果可以得到合理化道德的支援。假定我捫心自問："有甚麼是我不希望別人加諸己身的？"答案就是"背叛"。從而我希望別人接受的行為規則就是"不要背叛"。每個人都希望別人接受這一規則。那麼，這就是可被普遍接受的唯一規則，如果我們得到普遍理性之指導，就會全體接受之。

這就是盧梭或康德念茲在茲的嗎？由於這並非一個思想史問題，我在終極意義上並不在意。盧梭著作中確實有相當篇章表明他並不曾反對過這一解釋，這是用他的語言審慎表達出來的。[2] 盧梭確實認為社會契約必須是相對於自然狀態的帕累托改進；否則，社會契約就不會自願達成。盧梭還認為："就

1　關於該議題，參見以下學者間的爭論：Grofman and Feld（1989）、Eastlund（1989），及 Waldron（1989）。

2　至於康德（Kant 1881 [1793]: 34-5），這裏是相關的段落："普遍權利可以這樣界定，即每個人的自由限度就是其同意任何他人享有的自由，這一定義借助某種普遍法則是可能的……由他人意志的外部行為所施加的全部限制就是一種強制或義務的模型，遵循的原理是，公民憲法是生活在強制性法律下的自由人之間的一種關係，有關法律不會偏頗對待人際關係整體脈絡中的自由。"

像眾意不能代表公意一樣，相應地，公意也不可能在未改變自身性質的前提下成為眾意"（Rousseau 1964: 129）。要緊的是如下兩種觀念的完美一致性：其一，在某些情形下，個人必須被強制根據自身利益行動；其二，每個人都想要強制自身接受法律。人們是否"自由如初"是另外一個問題；清楚的是，一旦他們生活在社會中，他們就不再想要當初的那種自由方式。為了追求公共善，個人就必須基於法律化的公意而行動，即便與自身眾意不合。

從更寬的視角來看，這種觀點就是，取消人的某些行為自由賦予了人從事本不可能之事的能力，而且境況會變得更好。跨越幾個世紀來看，這正是盧梭、Burke（1790: 152）、Shelling（1954）、Elster（1985）、Hardin（1989; 1999: 134）和Holmes（1995, 2003）的觀點。以下是這一假設的某些應用：

1. 國王承擔前任債務的義務——義務的觀念似乎就是從這一語境中首次產生的（Pusendorf，根據 Holmes 1995）——使國王有權借債。
2. 將財政權授予議會使得國王有權徵稅開戰（North 和 Weingast 1989）。
3. 對州際關稅的禁止——Hardin（1989; 1999: 96）最中意的事例——使得各州有權從貿易中汲取收入。
4. 對壓制言論自由的禁止使得每個人以及作為集體的所有人能夠做出更有資訊與理性基礎的決定。這是密爾（J. S. Mill 1859）的主要論題。

　　我引述所有這些應用是因為該觀念十分強大。即便我們所觀察到的法律並非我們所制定，受制於法律還是使得我們可以從事希望之事。Holmes（1995: 153）總結了麥迪森的觀點："如果我們認真對待沉澱於過去的有關程式和制度，我們就能更有效率地取得當下的成果，而不是一味地被一種為政治生活建立基本框架的重複性需求所牽扯。"更進一步，Hardin（1999，批評意見參見 Goodin 2001）主張，一旦人們被強制以某種特定方式合作，可能之一就是他們有了一種遵守該合作形式的激勵：憲法就成了"傳統"。

　　因此，法律賦予我們自由。法律使我們自由地進行合作，保障我們安全地從合作成果中獲益。

7.3　"自由就是一切"

　　自由是激勵人們尋求建立代議制政府的最終價值。自由就是"一切"，如果同一主體行使着三種政府權力，"一切就都完了"（Montesquieu 1995: 328）。"自由"，派翠克・亨利 1788 年演說到"是地球上所有美好事物中最偉大者"（Ketchum 1986: 200）。西耶斯會說，自由的喪失是"一種極端的惡"。但是如果自由就是一切，那麼甚麼是"自由"呢？

　　這是一個包含危險性的議題，因為容易犯時代錯誤。在 Isaiah Berlin 1958 年講座及其開啟的激烈辯論之後，在未熟悉那場討論描述的所有區分和爭論之前很難談論自由的概念。這還不是唯一的危險性。我們還必須意識到對哲學家觀點的過度依賴，他們的邏輯一致性，並不總是在終身追求自由事業的人的激情中得到效仿遵守。在哥尼斯堡或日內瓦進行思考的人，要遠不同於在康科特或阿亞庫喬戰場，甚至費城獨立廳或土庫曼議會廳展開行動的人。邏輯三段論有啟蒙之效，但無激發之力，而對自由的渴望是一種吶喊，而不是一種邏輯論證。

一種經由哲學家而系統化的觀點認為，自由包含由政府權力的正當行使所保障的安全或安寧。當政府僅僅依據表達人民意志的法律行事時，人民就是自由的。這些被恰當地接受和實施的法律維持着社會秩序，人們據此想要生存並保護自身及財產免遭他人及政府專斷行為的侵害。

請注意，對安全的威脅可以產生自兩種來源。用 Dunn（1999）的啟蒙轉向話語來説，擁有政府實際上是將一種"水準"方向的威脅轉變為"垂直"方向：如果政府有權維持秩序，它也必然有權實施壓制。這種威脅的雙重性質是很明顯的。"我們被警告"，Patrick Henry 觀察到，"要反對派系和騷亂：我承認淫蕩是危險的而且應當被加以禁止。我也承認新政府可以有效地防止這一點。不過，還存在着政府可高效從事的另外一件事：它也會壓制和摧毀人民"（Ketchum 1986: 201）。Hobbes 強調的是前者的"水準"威脅；孟德斯鳩及其無數追隨者強調的是後一"垂直"威脅。

當孟德斯鳩（Montesquieu 1995 [1748]: 325）觀察到自由不等於獨立（independence）時，他聚焦的只是前者。我發現他關於自由的論述是很含混的。由於我不是一個哲學家，我懷疑更及格的學者可以做出關於其思想的某種一致性解釋。當然，與充斥費城制憲會議或法國國民議會廳堂的那些人相比,我並非不可成為哲學家,因此我發現自己沒有理由認為他們可以獲得一種更為清晰的教誨。或許是預感到後世的 Constant(1997 [1819])和 Berlin(2002 [1958]),孟德斯鳩對自由做了這樣的區分:其一,"哲學自由",意指"個人意志的運用,或至少⋯⋯個人運用着自身的意志";其二,"政治自由",意指"包含着安全,或至少是個人擁有者自身的安全"(Montesquieu 1995 [1748]: 376)。他將哲學自由放在一邊,集中論述他所謂的政治的自由:"公民的政治自由",他定義為,"一種精神的安寧,來自這樣的觀點,即每個人都擁有着自身的安全;為了這一自由的存續,由政府來確保每個公民不懼怕另外的公民就是必要的"(Montesquieu 1995 [1748]: 327)。政府必須保護公民免遭他人侵害;這是我們建立政府的原因。[3] 孟德斯鳩似乎想當然地認為一個政府將會使水準方向的危險中立化。他並沒有說一個統一而強大的政府,對已維持秩序和保障公民免遭他人侵害來說是更好的制度安排。他的全部關注在於防止暴政,保護公民免遭統治者侵害。這就是他認為政府權力若不分立就沒有自由的原因。

自由不可能也從不意味着對抗法律的行動。孟德斯鳩(Montesquieu XI, IV)堅持:"如果某個公民可以從事法律禁止

3　我不知道如何置評首席大法官倫奎斯特在 1988 年的迪沙內訴溫尼貝戈羣社會服務部(Deshaney v.Winnebago County Department of Social Services, 57 US LW 4218, 4219)案中的司法意見,其中他聲稱憲法的目的在於"保護人民免遭國家侵害,而不是確保國家來保護人民免遭他人侵害。"如果國家是純粹的危險,為甚麼還需要國家呢?

之事，他就不再享有自由，因為他的所有公民同胞都將擁有同樣的權力。"即便個體想要對抗法律，如果人們實際對抗了曾一致支援的法律，那麼社會就將面臨解體。關於這一點，我們再次從盧梭和康德那裏領教許多。

自由既不是自然的自由，也不是對抗法律的權利。它是法律下生活的保障。類似的觀念曾駐留於建國之父的心靈。不過，這種駐留十分不易，因為它不可能説服全體。

孟德斯鳩（Montesquieu 1995[1748]: 325）——盧梭與康德亦表贊同——還告訴我們，自由不可能意味着為所欲為：它包含着從事所有應為之事和不被強制從事不應為之事。生活於所選法律下的自由是一種公民自由，得到普遍理性、德性、道德或任何將個體轉變為"人類複件"之要素的指導。它不是由人的喜好、慾望、利益或幻想所標示的個體自由。存在兩種可能性：要麼自由就是由法律保障的公民安全，這是成熟的洛克觀點"哪裏沒有法律，哪裏就沒有自由"（Locke, *Second Treatise*, 57）；要麼自由就是不受管制的任意行為，這是 Laslett（1988: 20）歸之於青年洛克的觀點。這一區分——古代人的自由與現代人的自由，積極自由與消極自由，"自由"（liberty）型自由和"自主"（independence）型自由——已實行了許多次，而且以不同的面目出現，以至於如今已司空見慣。Constant（1997 [1819]: 603）認為："古代人的目標在於一國之內所有公民之間社會權力的共用。他們將這種狀態稱為自由。現代人的目標在於對私人快樂的保障；他們將自由稱之為制度對此種快樂的保障。"Berlin（2002 [1958]: 178 and 169）將積極自由和消極自由並列，前者"源自個人要成為自身主人的那部分慾求"，後者指的是"在多大程度上個人獲得不受任何他人或機構的干預"。

至少從 Constant 開始，自由思想承認這兩種自由的分殊："我們是現代人"，Constant（1997 [1819]）強調，"我們每個人想要享受自己的權利；想要發展那些看起來有益於我們的能力……我們不願意自我受限而讓國家成為主權者，也不願意個人成為奴隸而讓人民獨享自由。"自由不可能僅僅意味着可提升每個人及全體人福祉的法律下的安全。在一個頗有影響的段落中，Constant（1997 [1819]: 616-7）預見到了 Berlin 的所謂"多元自由主義"（pluralist liberalism）：

> 當權者……會告訴我們："從根本上講，甚麼是你們努力的目標，工作的動機和希望的物件？難道不是快樂嗎？好，這種快樂，讓我們來做吧，我們會給你們快樂。"不，紳士們，我們不會讓你們去做。無論這種利益多麼柔軟多麼打動人，我們還是讓當權者保留在其邊界之內。當權者自限於保持公正；我們的快樂之事完全自理。

建國之父們面臨的問題是同時實現兩種自由的最大化，即對私人生活的干預儘量地少和對安全的保障儘量地大。困難曾經是而且仍然是，兩種自由不可能同時最大化，而適當的平衡既不顯著，也不會在不同條件下趨同。看看伏爾泰的原則："一個人的自由終結於另一個人自由開始的地方。"1791 年《普魯士通用法典》宣稱："國家的法律和指令不再在公共福利要求的範圍之外限制自然自由和公民權利"（Palmer 1959: 406）。有些地方確實存在不侵犯他人的行為與影響到他人的行為之間的界限。如果我的行為不影響到他人的福利，沒有外部性，那麼我就應當免於法律約束去追求之。即便是在社會中我們也不是在所有行為上都相互依賴，當法律並未對那些無外部性的行為施加限制時，個人就享有免受干預的自由。

不過你的自由，與我的自由之間的界限，是非常細微的。我們可能在或此或彼的方向上犯錯。我們確實犯過錯。人們總是能夠發現行為的外部性。如果我不正確地刷牙，就會蛀牙，就會增加社會對我牙醫保健成本的負擔。如果允許其他的允許閱讀《哈克貝利‧費恩歷險記》，我的孩子也會被腐蝕。假定我們的所有行為——甚至包括我的刷牙方式，更別說我對《查泰萊夫人的情人》的私下閱讀——都受制於法律。我們在盧梭意義上仍然是自由的：法律賦予我們自由。不過免於命令的自由就不再存在了。Berlin（2002: 198）在面對康德時或許出奇地慷慨大方，但也被如下觀點搞得蒙頭轉向了："這可能是多麼奇怪的一種逆轉啊——將康德嚴厲的個人主義轉變為某種接近於純粹極權主義原則的體系，那些思想家還自稱為他的門徒？"無獨有偶，Constant（1997 [1819]: 604）在 1819 年觀察到了盧梭的相同現象："在將屬於其他世紀的社會權力與集體主權的範圍輸入現代的過程中，這個傲慢的天才無論如何為一種超級暴政提供了災難性的藉口。"因為這種觀點暗示，儘管人們可以自由地合作，但他們必須進行合作。Berlin（2002

[1958]: 194）觀察到，在這一概念中"自由遠不是與權威不可相容，而是變得相互一致。""多數人暴政"或"極權主義民主"，用某些法西斯主義下的德國難民話語（Fromm 1994 [1941]；Marcuse 1971）來描述美國也並非自相矛盾。Berlin（2002 [1958]: 209）指出："一種平等的壓迫權利——或干預——並不等同於自由。"Fromm 的書名就是《逃避自由》。Marcuse（1962）儘管處於佛洛德心理學框架之中，還是使用了一個概念"過剩壓制"：一種超過了人們之間共同生活與相互合作之必要限度的壓制。換言之，福利最大化與對異質偏好的寬容之間不可相容。這就是 Sen（1970）的帕累托自由派的不可能性。

　　Constant 1819 年的演講在區分兩種自由方面是首創。這種區分最初體現於他的 1806 年未出版的《政治原則》，其中論到："古代人與現代人之社會狀態的首要差異"是"多數人的快樂不再置於對權力的分享，而是置於私人自由"（Gauchet 在 Constant 1997: 834, ft.2）。不過，如果這一區分如 Constant 主張的那樣新穎，那麼"自由"對於那些設計政府以保護和擴大之的人們又意味着甚麼呢？不幸的是，我能給出的答案只能是：我不知道。事實上，答案可以是"一切"：自我決定的權利，由正當實施之法律所提供的安全保障，免於不當干預的保護以及選擇自身快樂的自由。在建國之父們內心中搜尋這些區分，是一種徒勞無功的努力。他們的觀點有可能比這些區分所允許的更為簡單。秩序對於減少水準方向的危險是必要的；為了維持秩序，對個人喜好、慾望甚至價值的某種壓制也是必要的。儘管如此，秩序有可能超越必要性領域而且專斷實施。在我看來，建國之父們的矛盾在於安全和不干預之間。這種矛盾是不易解決的，而且可能永遠無解。

7.4 作為列舉權利的自由

在許多憲法中，劃定個人生活免受公共干預之界限的就是"權利"。眾所周知，權利可能包括對政府採取某些針對公民之行動的禁止，或者關於政府在尋求採取有關行動時訴諸的程式的禁止，傳統上不僅包括對監禁某人或沒收財產的禁止，還包括對集體決策過程施加平等與無障礙影響的保障。

權利界定了排除出日常政治尤其是多數決規則的有關領域。Holmes（1988: 196）觀察到："憲法的基本功能是將特定的決策轉移出民主過程。"他引述了大法官 Robert Jackson 在 1943 年某個案件中的意見：

> 權利法案的特定目的在於將某些主題轉移出政治辯論的興衰變遷之外，將它們至於多數派和官員的掌控之外，將它們建構為由法院加以適用的法律原則。我們的生命權、自由權、財產權、言論自由、出版自由、宗教儀式與集會自由以及其他的基本權利可以不再受制於投票：它們依賴於非選舉的結果。

不過即便權利被確定了，還有兩個問題一直保持開放。甚麼落入了權利保護範圍之內的問題仍然是政治爭議，而不僅僅是法律爭議。保有和取得財產的權利——一種在早期憲法中濃縮而成的權利——並不能對抗所有減少財產價值的政策，比如廢除關稅或發放更多的計程車營運證。再比如，所得稅被普遍認為是與財產權相容的，儘管未獲補償的財產徵收不被同樣認定（Halbac 2008）。儘管如此，或許更加根本的權利幾乎總是出現衝突。進一步，Waldron（2006: 1352）觀察到："人們不同意某些權利的事實並不意味着必然存在某個不認真對待這些權利的異議政黨。"

在限定多數決規則領域和權利保護領域時所內在的含混性，通常呈現為民主與法治的對立，就像人民主權的抽象原則與正義原則的衝突一樣。Raz（1994: 260）認為："由於立法機關全神貫注於當下問題，而且害怕民眾因短期的影響而要求重選，因此很容易強烈地搖擺不定和實施恐慌性的政策"，而"法治在現代民主國家則起着確保民主議會權力，與傳統原則力量起完美平衡的效用"（1994: 361）。Dworkin（1986: 376）甚至走得更遠："任何一種對作為整體的憲法的及格解釋都必須承認……某些憲法權利就是精確設計來防止多數派遵循他們自己關於正義條件的確信的。"在這些觀點中，Guarnieri（2003）觀察到："將公共機構的表現提交給獨立法官審查成了一種對政治權力行使的有效而關鍵的制約，確保了法律的至上性，並保障了公民權利。"

儘管如此，將無節制的立法者與"法律"、"傳統"甚或"正義"之聖諭相對立的基礎到底是甚麼？我們是被要求相信法官在"實施"法律時沒有自身的利益，他們的決定權沒有裁量性，獨立保障了公正嗎？法官的統治不必然是"法治"（參見數篇論文，Maravall 和 Przeworski 2003）。未具體化的實體不可能統治："統治"是一個動詞，只能以人作為其主體（Sanchez-Cuenca 2003: 62）。"法律"或"正義"皆不能統治；唯有人可以。相反，Waldron（2006: 1349）指出，立法機關並不必然在對待權利問題上比法院更不審慎或更不尊重。沒有證據表明那些將更多權力賦予多數派的制度體系，比那些通過制衡機制限制政府的制度體系，更加濫權或反覆無常。法院和立法機關都是"眾人機關"。它們的衝突"在下列意義上是政治性的：這種衝突根植於這樣的願望，即維持或增加權力，同時又不必然與合法性規範相關聯"（Ferejohn 和 Pasquino 2003）。不過，那些想要限制甚至對抗多數派統治的聲音持續走高：例如，Rosanvallon（《法國世界報》2009 年 4 月 29 日）認為："如今權力已不被認為是完全民主的，除非該權力在與多數派表達具有同步性和互補性的同時，受制於控制性和效力性的檢驗。"對人民的恐懼在那些主張人民自治的意識形態大學者那裏，似乎是先天的：這是一種從一開始就有的自相矛盾，今天依然存在且活躍着。

　　法院——我在此遵從 Waldron（2006: 1370）——可以在將政治注意力聚焦於涉及權利的日常立法或執法行為方面起到積極作用。法院可以提醒甚至指導立法機關和行政機關。儘管如此，最終決定權必須落於當選代表之手。自治的觀念唯有在法律不過是某種制度性框架形塑之多數派意志的條件之下，才可能在異質性社會——關於權利的觀點存在衝突的社會——中得到提升。

第八章 民主：我們時代的自治實施機制

根據我們今日對"民主"這一術語的理解，就像代議制初建時這一理想的形成一樣，它是"自治"的一種實施機制嗎？證據是混合性的。向過去解讀，我們將對民主的當代理解植入代議制創建者的意圖之中是一種時代錯誤。他們的理想——自治、平等和自由——只是作為種子。在超過200年的時間裏，他們賦予了代議制以演化動力，使其變為今日我們所見之民主。這是我們崇敬國父們的原因。不幸的是，他們的有些理念在邏輯上不一致而在實踐上亦不可行，而有些理念明顯是要合理化特定利益的。

讓我重申一下所謂意圖問題是不可能得到解決的。例如，Wood（1969: 383）這樣主張：

> 美國人不只是簡單地使人民成為所有政治權力的一
> 種模糊且非實質性的來源。憲法的新概念、超法律傳統
> 的發展、對學習知識的依賴、人民在實際政治的參與、
> 代表屬性的澄清以及競爭性公共官員對人民的無休止訴

諸——所有這些賦予了人民主權這個老調重彈的術語一致性和實在性，甚至一種法律實在性。

當然，這就是描述如下含糊與爭議事項的一種結論：人民與其代表之間的關係、選舉週期間的人民角色以及主權所繫。進而，在上述清單中，唯有"競爭性公共官員對人民的無休止訴諸"使憲法存活了下來。因此，我們很容易站在 Morgan（1988: 82）一邊："協調實際人民的慾望、需求、權利與一個擬制性主權人民之壓倒性意志的問題不是一種臨時方案。事實上，這種協調就內在於新的憲法擬制之中。"

Morgan（1988: 152）指出："問題在於發展出相應的制度和思維習慣，使之承認人民權力但同時指導該權力的表達去支持既定權威。"代議政府制度天生懼怕廣泛的大民大眾參與，後者中的大部分人貧窮不文。人們有以下認識並無大錯：建國之父們的策略性問題，在於如何建構一種有利於富人的代議制度，並確保其免受窮人的顛覆。我們已看到，儘管調子很高，最原始的制度即便在政治領域亦不是平等主義的。對國父們而言，自治意味理性與美德之士的統治，而理性與美德是保留給那些根據財富、性別和種族區分出來的特定人羣的。當政府是通過選舉而產生時——選舉是統治權威的唯一來源——人民的角色就只是去認可那些依據其社會經濟地位有資格進行統治的人的優越性。由於創建於宗教和經濟衝突的陰影之下，代議制被設計來禁止或至少是最小化選舉週期間的人民之聲，視所有的"中間組織"——俱樂部、社團、工會以及政黨——為國內和平的威脅。代議制有意作為一種反專制的堡壘，被設計來通過權力制衡以及保護現狀，免遭多數意志改變的方式阻止政府做任何事，不論好壞。由於受到一種含糊理解下的自由價值的激發，許多制度最終帶有較強的威權主義，將道德甚至明顯的宗教價值灌輸入制度設計之中。

家長制的慈善外表，無論是否擴及窮人、婦女或"未開化"人羣，不過是掩蓋具體利益的一種偽飾。這種偽飾是很單薄的：它一旦觸及財產問題就會被戳穿。權力與財產之間的關係是親密無間的，常常不加掩飾。赤裸的暴力作為對抗財產威脅的最終堡壘。制度性安排通常已提供足夠有效的塹壕。窮人被教導說他們的利益由富人來代表，婦女的利益由男人來護衛，而"未開化"者需要得到其殖民者的指導。當財產恐懼佔據主導時，自治、平等與自由就被裝扮上精巧的智力架構以實現與少數人統治的相容。這就是某些聲音如此具有啟發性的原因；它們不過是揭露了真實的信念與真正的意圖。人民不可能被信任，因為它會"犯錯"：James Madison 如是説，Simon Bolívar 如是説，亨利·基辛格亦如是説。更進一步，人民所犯的最嚴重錯誤，就是運用政治權力追求社會與經濟平等，結社追求更高工資、體面勞動條件和物質保障，以及侵蝕"財產"。即便當更貧窮的階層無法再被排斥時，一系列創意性的制度設置仍被用來使其政治權利的影響歸於無效。當絕大多數人取得投票權時，投票與選舉的關係還得到了多種制度性規則的保護，就像得到在任者政治實力的保護一樣。一位發言人在 1889 年西班牙議會圍繞普選的辯論中發現："我們準備確立普選，那

麼我國政治史上接下來會發生甚麼呢？甚麼也沒有⋯⋯代表大
會將一如既往地繼續工作；立法權由國王聯合議會共同行使；
國王將擁有⋯⋯1876 年憲法賦予的所有保障和特權"（引自
Garrido 1998: 213）。

顯然，財產並非唯一的分裂性議題。代議制度在宗教戰爭
的陰影下出現：Christin（1997）表明，政治制度在 16 世紀的歐
洲是作為調控宗教衝突的一種框架而發生自治轉向的。拉美保
守派與自由派的衝突更多牽涉宗教而非經濟利益。再者，權力
因政治家的利益自保而有價值，還可作為促進利益的工具。對
權力的追逐是無休止的。統治者使用可支配的每一種工具——
壟斷政治權利，操縱程式，完全的欺詐，對政府特權公然的黨
派化利用——來保持權力。回想一下，令人困惑的是：他們是
多麼成功；根據制度性規則，他們的政治對手是很少能夠取代
在任者的。

這些制度特徵中的若干要素徘徊至今，但是意識形態和事
實層面的轉型都已深刻發生。

一致主義——假定有着理性和美德的人可以在所有的對公
眾有益的議題上達成相同結論——在基於物質和文化分歧的衝
突面前靠邊站了。19 世紀後半期興起的社會主義運動強調階
級衝突的不可避免，威脅到了基於私有財產的特定社會基礎。
社會主義的幽靈迫使社會在深刻衝突下如何維持和平的問題
提到了政治議程的前列。說說"我們站在團結一邊"很容易，
但是更困難的是看到我們仍然處於分裂之中。因此，當對一致
共識的鄉愁，仍然彌漫於某些政治哲學家中間時，我們開始將

民主視為衝突程式化的一種方法，以和平方式並依據規則。我們花了幾乎 200 年時間才將政黨輪替視為自然而然的事物。當然，如今我們知道了即便我們是被他人統治，如果我們願意，我們也可以被不同的其他人所統治。

當衝突隨着社會富裕化而變弱時，它們就可以普遍和平地予以程式化解決了，而經濟不平等持續擴大化，也掩飾了某些人的擔憂和其他人的希望，即經濟差異將死在大眾意志手上。即便是在最平等的民主社會，一種公平存在的不平等得以延續並有理由期待其繼續下去。儘管如此，我們不再將不平等視為經濟法律的必然結果。事實上，許多公共輿論調查顯示，全世界的人民都期待民主來促進經濟和社會平等。或許最根本的是，我們不再願意接受經濟不平等——事實上還包括任何其他形式的社會不平等——以其他方式制度化為或轉化為政治不平等。

我們如今要求政府在保護我們免遭他人侵害之外做得更多。我們在繼續警惕政府濫權的同時，如今已開始將國家視為可以促進繁榮、管制市場並確保所有公民經濟福利的一種制度。我並不是在主張我們已就政府的角色問題達成一致，但是在歷史的天平上意識形態和實際層面的轉型已經很豐富。如今，全世界有 10 萬個城鎮僱用着和 1789 年的美國政府相同的僱員。我們期待政府行動起來以改善我們的生活；我們用它們的行為及對我們福利的影響來評判它們。同時，受到國家的平等對待已成為一項可執行的權利：按照韋伯的方式，民主已成為官員平等對待的同義語。

自由採取了一種固有權利的制度形式，該種權利得到特別制度與程式的保護。這些權利不僅包括保護私人領域免受政府侵犯，還包括在選舉週期間反對政府的權利，表達公共意見的自由以及集會與請願的自由。再者，我們已經學到，或許我應當用現在進行式，即我們正在學習，權利本身是不夠的，權利的行使需要資源，而國家機構必須積極提供這些令權利有效行使所必需的資源（Holmes 和 Sunstein 1999）。

可以確定的是，當代民主國家不會被自治的意識形態擁躉們，承認為實現了他們所意圖的制度化。那麼，為甚麼堅持要求當代民主國家承擔與人民"自治"有關的任何聯繫呢？為甚麼不單單宣稱這一特定理想已在擁護下列理念中拋棄：承認黨派分裂的不可避免；不再容忍政治不平等；強調政府改善我們生活的作用；保護政治自由？

區分自治觀念中"人民"的兩種角色是有益的：作為政治主體的人民；作為統治權威來源的人民。關於前者，人民是分裂的，碎片化的。他們只有經"中間團體"組織起來才可能粘合在一起，而該種團體曾受到法國大革命的禁止並到處遭受忌憚。作為政治主體的人民的理論重構在如下事實面前是非常困難的：個體在利益、價值與激情方面千差萬別。我曾指出他們中的許多人還不理解在一個被他人——通過選舉產生的統治者——統治的制度中如何實施人民統治。許多人對未有清晰的選項感到焦慮；許多人感到無力，他們的政治行為即便有效亦很微弱。他們看重的是民主機制本身，而不是他們在使其運轉中的角色。

不過即便"人民"作為政治主體的人民沿着黨派界限發生了分裂，它仍然是當代民主據以合法化的唯一指標。建國之父們到處申説："沒有選舉就沒有代表"，而今天沒有一個民主派可以持有異議。確實，乞靈於上帝意志並不能作為民主權威的來源。各色威權主義者承諾的秩序或理性亦不能作為來源。仍然有些人在抽象的"正義"中尋求合法性，但正義與民主很難完美相容（Shapiro 1999）。我們被他人統治，而能夠證成這一事實的唯一權威就是統治者依據"人民"在選舉中表達的要求而行動。

關於民主的最平實的定義是，政府執行的有關決策反映或回應了公民所想。當然，這不是一種強制性標準。在此定義之下，民主可以被、且差不多正在被所有統治者所主張。不變的是，統治者總是聲稱他們的統治是根據並代表"人民"的。儘管如此，固然這種主張在今日幾乎是普遍出現的，但世界各地政治體制的實際形式卻差異頗大。作為俄羅斯"主權性民主"概念的闡釋者，米哈伊爾·萊昂提夫（Mikhail Leontiev）聲稱（在與一家波蘭報紙《日誌》的訪談中，2008 年 1 月 19 日）："俄羅斯政治體制——就其實質，儘管並非形式——與真正嚴肅的西方民主沒有任何差別。"然而如果形式有別，實質為何沒有分別呢？這裏提出的問題是：需要甚麼樣的證據來支持這一主張？

為了評估這些主張，我們需要倒回本書導論中描述的方法論框架之中。所有政治主張都構成了 Morgan（1988）意義上的"神話"或 Gramsci（1971）意義上的"意識形態"。它們是神話而不是科學命題，因為它們可借助日常經驗而非形式化程式生效。當然，神話如要指導社會生活，集聚原子化個體為整體"人民"以及享有格拉姆西所謂的"積極同意"，就必須進一步尋求某些事實證據。

甚麼樣的事實可以使"人民"在統治的主張為人所信呢？請注意，有些統治者主張他們的合法性不來自民主，只是聲稱他們提供了人民最想要的東西，主要是秩序和繁榮。新加坡或中國的成功在許多人看來足以證明這些主張的有效性，即便那裏的秩序主要是通過公然的壓制維持的。Huntington（1968: 1）的經典論述可以繼續在今日覓得迴響："國家間最重要的政治差別不是統治的形式，而是統治的程度。民主國與獨裁國的差異要小於政治上包含共識性、連續性、合法性、組織性、有效性、穩定性的國家與匱乏此類要素的國家之差異。"

如今，儘管有林肯的理想化公式，民主並不能構成人民的統治（民治）。密爾（J. S. Mill 1859）早已觀察到，"人民"本身無法統治。人民只能由他人統治。因此，林肯公式中唯一可予評估的就只是"民有"和"民享"。那麼，又是甚麼使統治者根據並代表人民而行動變得可信呢？

唯一的答案可以是，人民本可以拋棄那些政治流氓但並未那樣去做。即便反事實的可能性也不易評估，"本可以"本身就是決定性的。競爭性選舉——在此類選舉中，在任者面臨人民根據合理公平規則與程式將他們選下來的機率——是關於人民統治神話的唯一可信的有效性標準。重申一下 Bobbio（1987）的區分，在精英自我推薦型制度和自我強制型制度之間存在着差異。

　　競爭性選舉是重要的，因為面臨落選可能性的統治者在實施統治時必須預見到這一威脅。威權型統治者也可能被趕下台。不過革命即便披上天鵝絨外衣，仍然是痛苦和混亂的事件。選舉是迄今為止最低成本的政府更替方式；因此，它們並不僅僅是在制約統治者。確實，人們也不應當將選舉在實現問責性方面的作用理想化。選舉只是一種相對遲鈍的工具。在任者可以操縱選舉規則，通過影響媒體來控制公共輿論，在那些對政府友好的候選人背後投放國家資源等等。事實上，在 1788-2000 年間，全世界範圍內在任者贏得了大約 80% 的選舉。他們贏得的許多選舉或許是因為他們得到了真實的人民支持，但也一定有不少勝選是因為他們可以調用可支配的工具來影響選舉結果。無論如何，如果在任者準備舉行可能敗選的選舉，那麼他們就必須擔心敗選。

　　考慮一下那些致力於維持秩序和促進繁榮的政府。他們的民主主張是，他們滿足了人民所需，證據是人們吃飽喝足，沒有叛亂。據此視角，選舉可能只是對大眾支持的一種無甚意義的慶祝。儘管如此，絕大部分此類政體確實舉行了"選舉"，除非他們審慎地看出了不會有他們中意的人當選。值得強調的是，這種選舉與代議制度一樣古老：唯有美國政治科學家們的歷史無知，才會引導他們把"選舉威權主義"作為新鮮事物來發現。不過假如人民真的滿意，得其所需，為何那些統治者不能勇敢地暴露於真實的競爭和敗選的可能性之中呢？誠如 Ivan Krastev 所言（在關於"主權性民主"的訪談中，《日誌》，2006

年 8 月 28 日）："通過炮製出一種民主贗品，造假者承認了原型民主是稱心的。"如果他們害怕擁有真正的事物，是否因為這些統治者本身就不相信他們自己的主張？

競爭性選舉是唯一可信的檢測機制，可以使得人民相信他們的統治者是根據並代表他們進行統治的。它們是懷疑論者的一種檢測裝置。選舉證明了這一主張的有效性，即政府根據積極合意進行統治，因為它們通過數人頭來反覆檢驗這一主張。如果未獲得此種合意的政府可以被選下去，那麼它們並非那樣且它們贏得了一場自由而公正選舉的事實本身就是有價值的資訊。這是可靠資訊的唯一來源。

然而選舉在何時是競爭性的呢？這一問題的答案並不明朗。即便國際選舉觀察者在選舉認證標準上亦不完全一致：美國人喜歡標籤化為"自由而公正"，而歐洲人使用的是"競爭而準確"。主要困難在於，選舉標準只有在當權者敗選且和平離職後才是令人信服的。如果當權者獲勝，這種證據就是沉默無力的；他們獲勝可能是由於人民所願，亦可能由於人民沒有機會擊敗他們。萊昂提夫（前引採訪中）評論這種選舉含糊性："我不理解在這種由某些贏得壓倒性社會支持的力量勝選的選舉中，有甚麼不民主之處。"儘管如此，動用政府權力防止選舉失敗常常是臭名昭著的。由於選舉必須遵守規則而規則是可操縱的，因此操縱有時就太過公然以致反對派毫無機會。更進一步，當操縱失敗時，欺詐有時也會被當權者使用。最低限度，以下方面必須是真實的：每個人都有平等表達其黨派偏好的機會，無論其偏好如何；選舉的最終結果不因規則不同而有差異。這就是"自由而公正"的內涵。

選舉在維繫自治神話與保持民主活力方面的力量是十分驚人的。哪怕是政府由於選舉而發生一點點改變的可能性也足以點燃希望。選舉是民主的汽笛：無論過去如何，無論人們曾經多麼憎惡或厭煩政治，選舉確實刷新了希望。或許有好的理由：誰曾想到過使布殊和切尼連選連任過的國家能夠選出奧巴馬？結果，單單是政府基於人民的投票可以發生改變的可能性就足以使關於平等、問責性、代表性之類的所有神話為人所信。

這就是為甚麼即便有所有的意識形態和實際轉型，我仍然將當代民主視為人民自治的一種實施機制。

我認為在過去 200 年間已經發生的是，我們已使得這一自治理想更加內在一致和更加誠實。我們理解到某些衝突是不可避免的，我們也知道這些衝突得到了政黨最好的組織化處理。我們說出了建國之父們關於政治平等的欺騙性。我們了解到當政府致力於促進我們的福利時，我們可以過得更好。我們看到了當自由更具特定權利加以構造且這些權利的行使需要特定條件時，它才得到了最佳保護。

如今在地球的大部分區域，我們都有了普選、傾向窮人和婦女的政黨、合理的競爭性選舉、合理有效的制度、對基本權利的關注以及一定公正水準上的政治自由。成就是顯然的。我們要比過去更加接近實現這些理想。那麼，我們已最終抵達自治、平等與自由了嗎？我恐怕答案只能是，還不那麼簡單。

我在全書中曾提出，民主是有限度的，沒有任何一種形式或風格的政治制度可以達成——至少是同時——我們所希望的全部價值。在市場經濟中存在着實現經濟平等的純粹技術性——或許是不可避免的——限制。更進一步，如果優先目標是減少貧困，那麼經濟增長就可能是比消費品再分配更為高效的工具。儘管如此，許多現存的民主國家遠未達到經濟平等，在不少國家中經濟不平等的程度還是相當驚人的。政治安排的其他形式在減少不平等方面的失敗並不能使民主自然豁免。那些有着不成比例的經濟、意識形態與組織資源的人利用它們成功維護其特權的事實，並不能導致追求經濟與社會平等的鬥爭無效。至少我們可以積極地反擊金錢對政治的影響，可以使政治參與更加平等化。今天，可接受的經濟與社會平等的唯一限制來自市場經濟中民主的運轉及繼續運轉，而不是來自政治不平等的反映。

我對政治參與範圍的擴大努力持懷疑態度。即便選舉性參與不是特別平等，結果選舉成了我們所擁有並能夠擁有的最平等的政治機制。經常有呼籲要求賦予那些有更多參與資源的人以更大的參與特權。參與本身不可能是平等和有效的。托克維爾關於社團化的積極公民的視角顯然是有吸引力的，但參與在更小的共同體內更有效率的主張，卻在遭遇如下謎題時迷失了自己：地方選舉中的投票率到處都低於全國性選舉中的投票率。我們所能做的只是去加強我們的有關努力以確保選舉的自由與公正。

我並不懷疑政府在如下方面可以提升普遍福利：促進發展；實現收入機會平等；保護低收入者。代議制度的設計師們太過懷疑統治者的動機，也太過熱衷於保護既得利益。顯然，政府可以根據其自身或其好友的利益而行動。它們還可能只是無意地犯錯。不過如有適當的制度設計，政府也可以同時更有效率且更加負責：我們可以同時增加其權力及其行為的透明度（Ferejohn 1999）。

我同情於基本權利獲得特定機構監護的制度地位，但最終的法律和公共政策必須經由多數決程式予以決定。該議題已被將多數決與"法治"並列的一種意識形態公式所扭曲，似乎法律可以是某種獨立於在制度性框架中成形的多數派意志的其他事物。不過沒有證據表明，那些賦予多數派以更多權力的制度，就會比通過制衡機制限制政府行動的制度更加濫權或反覆無常。

最後，儘管某些限制是類特徵，但每一種民主都有着自身的缺陷。許多國家單純地陷入貧困。有些國家——即時想到巴西——展示了對經濟不平等的不寬容。在許多國家中，政治被金錢支配：禁止金錢對政治影響領域的滲透或許是若干國家最重要的一種改革。在其他一些民主國際——我現在想到的是阿根廷和法國——政黨制度和制度性框架在根據制度規則吸納並處理社會衝突方面一再失敗。在某些民主國家——瑞典常被提及作為實例——行政國家對私人生活的穿透太深。實際上，有些事實既撲朔迷離，又振聾發聵。以下事實怎麼可能：一個國家有着超過 200 年的代議制度，卻在發達國家中有着最高程度的經濟不平等，有着世界上最高比例的人口監禁率，高於大部分的專制國家？在這個國家怎麼可能在四年一度的選舉中有幾乎一半的人不參加投票？這個國家的人民怎麼可能容忍金錢對政治臭名昭著的影響力？

人們可以繼續列舉，但我並不想假裝已精確診斷出每個民主國家的特定缺陷。我所強調的只是，承認存在限制並不是在呼籲自滿。我們應當意識到這些限制，因為否則的話我們就可能成為煽動性呼籲的獵物，後者常常戴着要求一種政治權力的面具，而其所承諾的目標是任何地方的任何人都不可能實現的。我們應當承認，事情可以得到改善這一事實並不總是意味着它們將會被改善。不過某些改革依然是急切的，而許多改革措施則是可行的。

參考書目

Aberdam, Serge et al. 2006. *Voter, élire pendant la Révolution française 1789–1799*. Paris: Éditions du CTHS.

Achen, Christopher, and Larry Bartels. 2002. "Blind retrospection: Electoral responses to drought, flu, and shark attacks." Paper presented at the Annual Meeting of the American Political Science Association, Boston, August 29–September 1.

Aguilar Rivera, José Antonio. 1998. "Oposición y separación de poderes. La estructura institucional del conflicto 1867–1872." *Metapolitica* 2: 69–92.

Aguilar Rivera, José Antonio. 1999. *Cartas Mexicanas de Alexis de Tocqueville*. Mexico City: Ediciones Cal y Arena.

Aguilar Rivera, José Antonio. 2000. *En pos de la quimera. Reflexiones sobre el experimento constitucional atlántico*. Mexico City: CIDE.

Aguilar Rivera, José Antonio. 2009. "Manuel Lorenzo de Vidaurre: la imaginación política y la república incierta." Mexico City: CIDE.

Alamán, Lucas. 2008 [1832]. *Examen imparcial de la administración de Bustamante*. Edited by José Antonio Aguilar Rivera. Mexico City: Conaculta.

Alaminos, Antonio. 1991. "Chile: transición politica y sociedad." Madrid: Centro de Investigaciones Sociologicas.

Alesina, Alberto. 1988. "Credibility and convergence in a two-party system with rational voters." *American Economic Review* 78: 796–805.

Alonso, Paula. 2000. *Between Revolution and the Ballot Box: The Origins of the Argentine Radical Party*. Cambridge: Cambridge University Press.

Alvarez, Michael E., and Leiv Marsteintredet. 2007. "Presidential interruptions and democratic breakdown in Latin America: Similar causes, different outcomes." Paper presented at GIGA, Hamburg, December 13–14.

Anderson, Perry. 1977. "The Antinomies of Antonio Gramsci." *New Left Review* 100: 5–78.

Anduiza Perea, Eva. 1999. *Individuos o sistemas? La razones de la abstención en Europa Occidental*. Madrid: CIS.

Annino, Antonio. 1995. "Introducción." In Antonio Annino (ed.), *Historia de las elecciones en Iberoamérica, siglo XIX*. Mexico City: Fondo de Cultura Económica.

Annino, Antonio. 1998. "Vote et décalage de la citoyenneté dans les pays andins et meso-americains." In Raffaele Romanelli (ed.), *How Did They Become Voters? The History of Franchise in Modern European Representation* (pp. 155–82). The Hague: Kluwer.

Arrow, Kenneth A. 1951. *Social Choice and Individual Values*. New Haven: Yale University Press.

Austen-Smith, David. 2000. "Redistributing income under proportional representation." *Journal of Political Economy 108*: 1235–69.

Austen-Smith, David, and Jeffrey Banks. 1988. "Elections, coalitions, and legislative outcomes." *American Political Science Review 82*: 405–22.

Austen-Smith, David, and Jeffrey Banks. 2000. *Positive Political Theory I: Collective Preference*. Ann Arbor: University of Michigan Press.

Bagehot, Walter. 1963 [1867]. *The English Constitution*. Ithaca, NY: Cornell University Press.

Bahamonde, Ángel, and Jesús A. Martinez. 1998. *Historia de España Siglo XIX*. Madrid: Catedra.

Ball, Terence. 1989. "Party." In Terence Ball, James Farr, and Russel L. Hanson (eds.), *Political Innovation and Conceptual Change* (pp. 155–76). Cambridge: Cambridge University Press.

Banerjee, Abhijit, and Esther Dufflo. 2003. "Inequality and growth: What can the data say?" *Journal of Economic Growth 8*: 267–99.

Banks, Arthur S. 1996. Cross-National Time-Series Data Archive. See http://www.databanks.sitehosting.net

Barber, Benjamin R. 2004. *Strong Democracy: Participatory Politics for a New Age*. Berkeley: University of California Press.

Barbera, Salomon, Walter Bossert, and Prasanta K. Pattanaik. 2001. *Ranking Sets of Objects*. Montreal: Cahier University of Montreal, Centre de recherche et développement en économique.

Bardach, Juliusz, Bogusław Leśnodorski, and Michał Pietrzak. 2005. *Historia Ustroju i Prawa Polskiego*. Warszawa: LexisNexis.

Barros, Robert. 2002. *Constitutionalism and Dictatorship*. New York: Cambridge University Press.

Bartels, Larry M. 2008. *Unequal Democracy: The Political Economy of the New Gilded Age*. New York: Russell Sage Foundation.

Becker, Gary S. 1983. "A theory of competition among interest groups for political influence." *Quarterly Journal of Economics 98*: 371–400.

Beitz, Charles R. 1989. *Political Equality*. Princeton: Princeton University Press.

Benabou, Roland. 1996. "Inequality and growth." In Ben S. Bernanke and Julio J. Rotemberg (eds.), *NBER Macro-Economics Annual 1996* (Vol. 11, pp. 11–92). Cambridge, MA: MIT Press.

Bénabou, Roland. 2000. "Unequal societies: Income distribution and the social contract." *American Economic Review 90*: 96–129.

Benabou, Roland, and Efe A. Ok. 2001. "Social mobility and the demand for redistribution: The PUOM hypothesis." *Quarterly Journal of Economics 116*: 447–87.

Benhabib, Jess, and Adam Przeworski. 2006. "The political economy of redistribution under democracy." *Economic Theory* 29: 271–90.

Benhabib, Jess, and Alberto Bisin. 2007. "The distribution of wealth: Intergenerational transmission and redistribute policies." Working paper, Department of Economics, New York University.

Beramendi, Pablo, and Christopher J. Anderson (eds.). 2008. *Democracy, Inequality, and Representation*. New York: Russell Sage Foundation.

Berlin, Isaiah. 2002 [1958]. *Liberty*. Edited by Henry Hardy. Oxford: Oxford University Press.

Bernstein, Eduard. 1961. *Evolutionary Socialism*. New York: Schocken Books.

Beza, Theodore. 1969 [1574]. *Concerning the Rights of Rulers over Their Subjects and the Duty of Subjects Toward Their Rulers*. New York: Pegasus Books.

Bird, Colin. 2000. "The possibility of self-government." *American Political Science Review* 94: 563–77.

Black, Duncan. 1958. *The Theory of Committees and Elections*. Cambridge: Cambridge University Press.

Bobbio, Norberto. 1987. *Democracy and Dictatorship*. Minneapolis: University of Minnesota Press.

Bobbio, Norberto. 1989. *The Future of Democracy*. Minneapolis: University of Minnesota Press.

Bolingbroke, Henry Saint-John Viscount. 2002 [1738]. "The patriot king and parties." In Susan E. Scarrow (ed.), *Perspectives in Political Parties* (pp. 29–32). New York: Palgrave Macmillan.

Bolívar, Simon. 1969. *Escritos politicos*. Edited by Graciela Soriano. Madrid: Alianza Editorial.

Booth, John A., and Mitchell A. Seligson. 2008. "Inequality and democracy in Latin America: Individual and contextual effects of wealth on political participation." In Anirudh Krishna (ed.), *Poverty, Participation, and Democracy: A Global Perspective* (pp. 94–124). Cambridge: Cambridge University Press.

Brandolini, Andrea, and Timothy M. Smeeding. 2008. "Inequality patterns in western democracies: Cross-country differences and changes over time." In Pablo Beramendi and Christopher J. Anderson. (eds.), *Democracy, Inequality, and Representation* (pp. 25–61). New York: Russell Sage Foundation.

Bratton, Michael. 2008. "Poor people and democratic citizenship in Africa." In Anirudh Krishna (ed.), *Poverty, Participation, and Democracy: A Global Perspective* (pp. 28–64). Cambridge: Cambridge University Press.

Bravo, María Cecilia. 2003. "La política 'armada' en el norte argentino: El proceso de renovación de la elite política tucumana (1852–1862)." In Hilda Sabato and Alberto Littieri (eds.), *La vida política en la Argentina del siglo XIX: Armas, votos y voces* (pp. 243–58). Buenos Aires: Fondo de Cultura Económica.

Bryan, Shari, and Denise Baer (eds.). 2005. *Money in Politics: A Study of Party Financing Practices in 22 Countries*. Washington, DC: National Democratic Institute for International Affairs.

Bruszt, László, and János Simon. 1991. "Political culture, political and economical orientations in Central and Eastern Europe during the transition to democracy." Manuscript. Budapest: Erasmus Foundation for Democracy.

Bryce, James. 1921. *Modern Democracies*. London: Macmillan.

Buchanan, James M., and Gordon Tullock. 1962. *The Calculus of Consent: Logical Foundations of Constitutional Democracy.* Ann Arbor: University of Michigan Press.

Burda, Andrzej. 1990. "Charakterystyka postanowień konstytucji PRL z 1952r." In *Konstytucje Polski: Studja monograficzne z dziejów polskiego konstytucjonalizmu* (Vol. 2, pp. 344–76). Warszawa: Państwowe Wydawnictwo Naukowe.

Burke, Edmund. 2002 [1770]. "Thoughts on the cause of the present discontents." In Susan E. Scarrow (ed.), *Perspectives in Political Parties* (pp. 37–44). New York: Palgrave Macmillan.

Burke, Edmund. 1774. Speech to the Electors of Bristol. See http://oll. libertyfund.org

Burke, Edmund. 1790. Reflections on the Revolution in France. See http://oll. libertyfund.org

Canedo, Leticia Bicalho. 1998. "Les listes électorales el le processus de nationalisation de la cityoennetè au Brésil (1822–1945)." In Raffaele Romanelli (ed.), *How Did They Become Voters? The History of Franchise in Modern European Representation* (pp. 183–206). The Hague: Kluwer.

Caramani, Daniele. 2003. "The end of silent elections: The birth of electoral competition, 1832–1915." *Party Politics* 9: 411–44.

Carvajal, Patricio A. 1992. "Derecho de resistencia, derecho a la revolución, desobedencia civil." *Revista de Estudios Politicos (Nueva Epoca)* 76: 63–101.

Cheibub, José Antonio. 2007. *Presidentialism, Parliamentarism, and Democracy.* New York: Cambridge University Press.

Cheibub, José Antonio, and Adam Przeworski. 1999. "Democracy, elections, and accountability for economic outcomes." In Adam Przeworski, Susan C. Stokes, and Bernard Manin (eds.), *Democracy, Accountability, and Representation* (pp. 222–50). New York: Cambridge University Press.

Christin, Olivier. 1997. *La paix de religion.* Paris: Éditions du Seuil.

Clogg, Richard. 1992. *A Concise History of Greece.* Cambridge: Cambridge University Press.

Cohen, Joshua. 1989. "The economic basis of deliberative democracy." *Social Philosophy & Policy* 6: 25–50.

Cohn-Bendit, Daniel, and Gabriel Cohn-Bendit. 1968. *Obsolete Communism: The Left-Wing Alternative.* New York: McGraw-Hill.

Collier, Simon, and William F. Sater. 1996. *A History of Chile, 1808–1994.* Cambridge: Cambridge University Press.

Collini, Stefan, Donald Winch, and John Burrow. 1983. *That Noble Science of Politics.* Cambridge: Cambridge University Press.

Condorcet. 1986 [1785]. "Essai sur l'application de l'analyse a la probabilité des décisions rendues a la pluralité des voix." In *Sur les élections et autres textes. Textes choisis et revus par Olivier de Bernon* (pp. 9–176). Paris: Fayard.

Condorcet, Marguis de. 1986 [1787]. "Lettres d'un bourgeois de New Heaven a un citoyen de Virginie, sur l'inutilité de partager le pouvoir législatif en plusieurs corps." In *Sur les élections et autres textes. Textes choisis et revus par Olivier de Bernon* (pp. 203–72). Paris: Fayard.

Constant, Benjamin. 1997 [1815]. "Principes de politique." In *Écrits politiques. Textes choisis, présentés et annotés par Marcel Gauchet* (pp. 305–588). Paris: Gallimard.

Constant, Benjamin. 1997 [1819]. "De la liberté des anciens comparée à celle des modernes." In *Écrits politiques. Textes choisis, présentés et annotés par Marcel Gauchet* (pp. 589–622). Paris: Gallimard.

Cox, Gary W. 1999. "Electoral rules and the calculus of mobilization." *Legislative Studies Quarterly* 24: 387–419.

Crook, Malcolm. 2002. *Elections in the French Revolution.* Cambridge: Cambridge University Press.

Cuttrone, Michael, and Nolan McCarthy. 2006. "Does bicameralism matter?" In Barry R. Weingast and Donald A. Wittman (eds.), *Oxford Handbook of Political Economy* (pp. 180–95). Oxford: Oxford University Press.

Dahl, Robert A. 1956. *A Preface to Democratic Theory.* New Haven: Yale University Press.

Dahl, Robert A. (ed.) 1966. "Introduction." In *Regimes and Oppositions.* New Haven: Yale University Press.

Dahl, Robert A. 1971. *Polyarchy: Participation and Opposition.* New Haven: Yale University Press.

Dahl, Robert A. 1989. *Democracy and Its Critics.* New Haven: Yale University Press.

Dahl, Robert A. 2002. *How Democratic is the American Constitution?* New Haven: Yale University Press.

Dardé, Carlos, and Manuel Estrada. 1998. "Social and territorial representation in Spanish electoral systems." In Raffaele Romanelli (ed.), *How Did They Become Voters? The History of Franchise in Modern European Representation* (pp. 133–54). The Hague: Kluwer.

Deininger, Klaus, and Lyn Squire. 1996. "A new data set measuring income inequality." *World Bank Economic Review* 10: 565–91.

De Luca, Miguel. 1998. "Los ejecutivos." In Hipólito Orlandi (ed.), *Las Instituciones Políticas de Gobierno* (Vol. I, pp. 89–132). Buenos Aires: Editorial Universitaria.

Derathé, Robert. 1964. "Introduction." In Jean-Jacques Rousseau, *Du contrat social.* Paris: Gallimard.

Descombes, Vincent. 2004. *Le Complément De Sujet: Enquête sur le fait d'agir de soi-même.* Paris: Gallimard.

Diniz, Hinemburgo Pereira. 1984. *A Monarquia Presidential.* Rio de Janeiro: Editora Nova Frontera.

Dixit, Avinash, Gene M. Grossman, and Faruk Gul. 2000. "The dynamics of political compromise." *Journal of Political Economy* 108: 531–68.

Downs, Anthony. 1957. *An Economic Theory of Democracy.* New York: Harper & Row.

Dunn, John (ed.). 1993. *Democracy: The Unfinished Journey, 508 BC to AD 1993.* Oxford: Oxford University Press.

Dunn, John. 1999. "Situating democratic political accountability." In Adam Przeworski, Susan C. Stokes, and Bernard Manin (eds.), *Democracy, Accountability, and Representation* (pp. 329–44). New York: Cambridge University Press.

Dunn, John. 2000. *The Cunning of Unreason*. Cambridge: Cambridge University Press.

Dunn, John. 2003. "Democracy before the age of the democratic revolution." Paper delivered at Columbia University.

Dunn, John. 2005. *Democracy: A History*. New York: Atlantic Monthly Press.

Dunn, Susan. 2004. *Jefferson's Second Revolution: The Election Crisis of 1800 and the Triumph of Republicanism*. Boston: Houghton Mifflin.

Dworkin, Ronald. 1986. *Law's Empire*. Cambridge, MA: Belknap Press.

Easton, David. 1953. *The Political System: An Inquiry into the State of Political Science*. New York: Knopf.

Elster, Jon. 1985. *Ulysses and the Sirens: Studies in Rationality and Irrationality*. New York: Cambridge University Press.

Ensor, R. C. K. 1908. *Modern Socialism as Set Forth by the Socialists in Their Speeches, Writings, and Programmes*. New York: Scribner's.

Estlund, David, Jeremy Waldron, Bernard Grofman, and Scott Feld. 1989. "Democratic theory and the public interest: Condorcet and Rousseau revisited." *American Political Science Review* 83: 1317–40.

Fearon, James. 2006. "Self-enforcing democracy." Working Paper No. 14, Institute of Governmental Studies, University of California, Berkeley.

Ferejohn, John. 1986. "Incumbent performance and electoral control." *Public Choice* 50: 75–93.

Ferejohn, John. 1995. "Must preferences be respected in a democracy?" In David Coop, Jean Hampton, and John E. Roemer (eds.), *The Idea of Democracy* (pp. 231–44). Cambridge: Cambridge University Press.

Ferejohn, John. 1999. "Accountability and authority: Toward a theory of political accountability." In Adam Przeworski, Susan C. Stokes, and Bernard Manin (eds.), *Democracy, Accountability, and Representation* (pp. 131–53). New York: Cambridge University Press.

Ferejohn, John, and Pasquale Pasquino. 2003. "Rule of democracy and rule of law." In José María Maravall and Adam Przeworski (eds.), *Democracy and the Rule of Law* (pp. 242–60). New York: Cambridge University Press.

Fernández Garcia, Antonio. 2002. "Introducción." In *La Constitución de Cádiz* (pp. 9–68). Madrid: Clasicos Castalia.

Finer, Herman. 1934. *The Theory and Practice of Modern Government*. New York: Dial Press.

Fontana, Biancamaria. 1993. "Democracy and the French Revolution." In John Dunn (ed.), *Democracy: The Unfinished Journey, 508 BC to AD 1993* (pp. 107–24). Oxford: Oxford University Press.

Frank, Thomas. 2004. *What's the Matter with Kansas? How Conservatives Won the Heart of America*. New York: Henry Holt.

Franklin, Julian H. (ed.). 1969. *Constitutionalism and Resistance in the Sixteenth Century. Three Treatises by Hotman, Beza, & Mornay*. New York: Pegasus Books.

Friedmann, T. 2001. *The Lexus and the Olive Tree: Understanding Globalization*. New York: Anchor Books.

Fromm, Erich. 1994 [1941]. *Escape from Freedom*. New York: Henry Holt.

Fuller, Lon. 1964. *The Morality of Law*. New Haven: Yale University Press.

Gallego, Jorge. 2009. "Self-enforcing clientilism." Manuscript. Department of Politics, New York University.

Gandhi, Jennifer. 2008. *Dictatorial Institutions*. New York: Cambridge University Press.

Gandhi, Jennifer, and Adam Przeworski. 2006. "Cooperation, cooptation, and rebellion under dictatorships." *Economics and Politics 18:* 1–26.

Gargarella, Roberto. 2005. *Los fundamentos legales de la desigualdad: El constitucionalismo en América (1776–1860)*. Madrid: Siglo XXI.

Garrido, Aurora. 1998. "Electors and electoral districts in Spain, 1874–1936." In Raffaele Romanelli (ed.), *How Did They Become Voters? The History of Franchise in Modern European Representation* (pp. 207–26). The Hague: Kluwer.

Goodrich, Melanie, and Jonathan Nagler. 2006. "A good model of turnout and a cross-national empirical analysis." Manuscript. Department of Politics, New York University.

Graham, Richard. 2003. "Ciudadanía y jerarquía en el Brasil esclavista." In Hilda Sabato (ed.), *Ciudadanía política y formación de las naciones: Perspectivas históricas de América Latina* (pp. 345–70). Mexico City: El Colegio de Mexico.

Gramsci, Antonio. 1971. *Prison Notebooks*. Edited by Quintin Hoare and Geoffrey Nowell Smith. New York: International Publishers.

Graubard, Stephen R. 2003. "Democracy." In *The Dictionary of the History of Ideas*. University of Virginia Library: The Electronic Text Center. See http://etext.lib.virginia.edu/cgi-local/DHI/dhi.cgi?id=dv1-78

Grofman, Bernard, and Scott Feld. 1989. "Rousseau's general will: A Condorcetian perspective." *American Political Science Review 82:* 567–76.

Grossman, Gene M., and Elhanan Helpman. 2001. *Special Interest Politics*. Cambridge, MA: MIT Press.

Goodin, Robert E. 2001. "Review of liberalism, constitutionalism, and democracy by Russell Hardin." *Journal of Philosophy 98:* 374–8.

Guarnieri, Carlo. 2003. "Courts as an instrument of horizontal accountability." In José María Maravall and Adam Przeworski (eds.), *Democracy and the Rule of Law* (pp. 223–41). New York: Cambridge University Press.

Guerra, François-Xavier. 2003. "El soberano y su reino: Reflexiones sobre la génesis del ciudadano en América Latina." In Hilda Sabato (ed.), *Ciudadanía política y formación de las naciones: Perspectivas históricas de América Latina* (pp. 33–61). Mexico City: El Colegio de Mexico.

Guha, Ramachandra. 2008. *India after Ghandi: The History of the World's Largest Democracy*. New York: HarperCollins.

Gutiérrez Sanin, Francisco. 2003. "La literatura plebeya y el debate alrededor de la propriedad (Nueva Granada, 1849–1854)." In Hilda Sabato (ed.), *Ciudadanía política y formación de las naciones: Perspectivas históricas de América Latina* (pp. 181–201). Mexico City: El Colegio de Mexico.

Halbac, Claudia. 2008. *Democracy and the Protection of Private Property*. PhD Dissertation, Department of Politics, New York University.

Halperin-Donghi, Tulio. 1973. *The Aftermath of Revolution in Latin America*. New York: Harper & Row.

Hanham, Harold J. 1990. "Government, parties and the electorate in England; a commentary to 1900." In Serge Noiret (ed.), *Political Strategies and Electoral Reforms: Origins of Voting Systems in Europe in the 19th and 20th Centuries* (pp. 118–26). Baden-Baden: Nomos Verlagsgesellschaft.

Hansen, Mogens Herman. 1991. *The Athenian Democracy in the Age of Demosthenes*. Oxford: Blackwell.

Hansen, Mogens Herman. 2005. *The Tradition of Ancient Democracy and Its Importance for Modern Democracy*. Copenhagen: Royal Danish Academy of Arts and Letters.

Hanson, Russell L. 1985. *The Democratic Imagination in America*. Princeton: Princeton University Press.

Hanson, Russell L. 1989. "Democracy." In Terence Ball, James Farr, and Russell L. Hanson (eds.), *Political Innovation and Conceptual Change* (pp. 68–89). Cambridge: Cambridge University Press.

Hardin, Russell. 1989. "Why a constitution?" In Bernard Grofman and Donald Wittman (eds.), *The Federalist Papers and the New Institutionalism* (pp. 100–20). New York: Agathon Press.

Hardin, Russell. 1999. *Liberalism, Constitutionalism, and Democracy*. Oxford: Oxford University Press.

Harding, Robin. 2009. "Freedom to choose and democracy: Addressing the empirical question." Manuscript. Department of Politics, New York University.

Haring, C. H. 1947. *The Spanish Empire in America*. New York: Harcourt, Brace & World.

Harrington, James. 1977. *The Political Works of James Harrington*. Edited by J. G. A. Pocock. Cambridge: Cambridge University Press.

Heinberg, John Gilbert. 1926. "History of the majority principle." *American Political Science Review* 20: 52–68.

Heinberg, John Gilbert. 1932. "Theories of majority rule." *American Political Science Review* 26: 452–69.

Hochstetler, Kathryn. 2006. "Rethinking presidentialism: Challenges and presidential falls in South America." *Comparative Politics* 38: 401–18.

Hofstadter, Richard. 1969. *The Idea of a Party System: The Rise of Legitimate Opposition in the United States, 1780–1840*. Berkeley: University of California Press.

Holmes, Stephen. 1988. "Precommitment and the paradox of democracy." In Jon Elster and Rune Slagstad (eds.), *Constitutionalism and Democracy* (pp. 195–240). Cambridge: Cambridge University Press.

Holmes, Stephen. 1995. *Passions and Constraints: On the Liberal Theory of Democracy*. Chicago: University of Chicago Press.

Holmes, Stephen, 2003. "Lineages of the rule of law." In José María Maravall and Adam Przeworski (eds.), *Democracy and the Rule of Law* (pp. 19–61). New York: Cambridge University Press.

Holmes, Stephen. 2007. *The Matador's Cape: America's Reckless Response to Terror*. Cambridge: Cambridge University Press.

Holmes, Stephen, and Cass R. Sunstein. 1999. *The Cost of Rights*. New York: Norton.

Hume, David. 2002 [1742]. "Of parties in general." In Susan E. Scarrow (ed.), *Perspectives on Political Parties* (pp. 33–6). New York: Palgrave Macmillan.

Huntington, Samuel P. 1968. *Political Order in Changing Societies*. New Haven: Yale University Press.

Iaryczower, Matias, Gabriel Katz, and Sebastian Saiegh. 2009. "The not-so-popular branch: Bicameralism as a counter-majoritarian device." Working paper, California Institutute of Technology and UCSD.

Jaures, Jean. 1971. *L'Esprit de socialisme*. Paris: Denoel.

Jędruch, Jacek. 1982. *Constitutions, Elections and Legislatures of Poland, 1493–1993*. New York: EU Books.

Jespersen, Knud J. V. 2004. *A History of Denmark*. New York: Palgrave Macmillan.

Johnson, Helen Kendrick. 1913. *Woman and the Republic*. See http://womanshistory.about.com

Kant, Immanuel. 1891 [1793]. "The principles of political right." In W. Hardie (ed. and trans.), *Kant's Principles of Politics*. Edinburgh: T & T Clark.

Kelsen, Hans. 1988 [1929]. *La Démocratie. Sa Nature-Sa Valeur*. Paris: Economica.

Kelsen, Hans. 1949. *General Theory of Law and State*. Cambridge, MA: Harvard University Press.

Ketcham, Ralph (ed.). 1986. *The Anti-Federalist Papers and the Constitutional Convention Debates*. New York: Mentor Books.

Kiewet, D. R., and Matthew McCubbins. 1988. "Presidential influence on congressional appropriation decisions." *American Journal of Political Science* 32: 713–36.

Klinghoffer, Judith Apter, and Lois Elkis. 1992. "'The petticoat electors': Women's suffrage in New Jersey, 1776–1807." *Journal of the Early Republic* 12: 159–93.

Konopczynski, Władysław. 1918. *Liberum veto: studyum porównawczo-historyczne*. Kraków: A. S. Krzyżanowski.

Konopnicki, Guy. 1979. *Vive le centenaire du P.C.F.* Paris: CERF.

Kowecki, Jerzy. 1991. *Konstytucja 3 Maja 1791*. Warszawa: Państwowe Wydawnictwo Naukowe.

Krishna, Anirudh. 2006. "Do poor people care less for democracy? Testing individual-level assumptions with individual-level data from India." In Anirudh Krishna (ed.), *Poverty, Participation, and Democracy: A Global Perspective* (pp. 65–93). Cambridge: Cambridge University Press.

Krukowski, Stanisław. 1990. "Mala Konstytucja z 1919 r." In *Konstytucje Polski: Studja monograficzne z dziejów polskiego konstytucjonalizmu* (Vol. 2, pp. 7–18). Warszawa: Państwowe Wydawnictwo Naukowe.

Laffont, Jean-Jacques, and Jean Tirole. 1994. *A Theory of Incentives in Procurement and Regulation*. Cambridge, MA: MIT Press.

Lakoff, Sanford. 1996. *Democracy: History, Theory, Practice*. Boulder, CO: Westview Press.

Laslett, Peter. 1988. "Introduction." In *Locke: Two Treaties of Government*. Cambridge: Cambridge University Press.

Latinobarómetro. 2002. *Informe de Prensa*. See www.latinobarómetro.org.

Lavaux, Philippe. 1998. *Les grands démocraties contemporaines* (2nd ed.). Paris: PUF.

Lechner, Norbert. 1977. *La crisis del Estado en América Latina.* Caracas: El Cid.

Lechner, Norbert. 1986. *La conflictive y nunca acabada construcción del orden deseado.* Madrid: CIS.

Lehoucq, Fabrice. 2003. "Electoral fraud: Causes, types, and consequences." *Annual Review of Political Science 6:* 233–56.

Lenin, V. I. 1959 [1919]. "Letter to the workers of Europe and America." In *Against Revisionism* (pp. 479–86). Moscow: Foreign Languages Publishing House.

Levmore, Saul. 1992. "Bicameralism: When are two decisions better than one?" *International Review of Law and Economics 12:* 145–62.

Li, Hongyi, Lyn Squire, and Heng-fu Zou. 1997. "Explaining international and inter-temporal variations in income inequality." *The Economic Journal 108:* 1–18.

Lin, Jeffrey, and Justin Nugent. 1995. "Institutions and economic development." In *Handbook of Development Economics* (Vol. 3A). New York: Elsevier.

Lindbeck, Assar, and Jurgen Weibull. 1987. "Balanced-budget redistribution as the outcome of political competition." *Public Choice 52:* 273–97.

Lindblom, Charles. 1977. *Politics and Markets.* New York: Basic Books.

Linz, Juan J. 2004. "L'effondrement de la démocratie. Autoritarisme et total-itarianisme dans l'Europe de l'entre-deux-guerres." *Revue Internationale de Politique Comparée 11:* 531–86.

Lippmann, Walter. 1956. *The Public Philosophy.* New York: Mentor Books.

Locke, John. 1988 [1689–90]. *Two Treaties of Government.* Cambridge: Cambridge University Press.

Londregan, John, and Andrea Vindigni. 2006. "Voting as a credible threat." Working paper, Department of Politics, Princeton University.

López-Alves, Fernando. 2000. *State Formation and Democracy in Latin America, 1810–1900.* Durham, NC: Duke University Press.

Loveman, Brian. 1993. *The Constitution of Tyranny: Regimes of Exception in Spanish America.* Pittsburgh, PA: University of Pittsburgh Press.

McGann, Anthony. 2006. *The Logic of Democracy: Reconciling Equality, Deliberation, and Minority Protection.* Ann Arbor: University of Michigan Press.

McIlwain, Charles H. 1939. *Constitutionalism: Ancient and Modern.* Cornell: Cornell University Press.

McKelvey, Richard D. 1976. "Intransitivities in multidimensional voting models and some implications for agenda control." *Journal of Economic Theory 12:* 472–82.

Macaulay, Thomas B. 1900. *Complete Writings* (Vol. 17). Boston: Houghton Mifflin.

Maddox, Graham. 1989. "Constitution." In Terence Ball, James Farr, and Russell L. Hanson (eds.), *Political Innovation and Conceptual Change* (pp. 50–67). Cambridge: Cambridge University Press.

Madison, James. 1982 [1788]. *The Federalist Papers by Alexander Hamilton, James Madison and John Jay.* Edited by Gary Wills. New York: Bantam Books.

Magaloni, Beatriz. 2007. "Elections under autocracy and the strategic game of fraud." Paper presented at the Annual Meeting of the American Political Science Association, Chicago, August 30–September 2.

Maier, Charles. 1975. *Recasting Bourgeois Europe*. Princeton: Princeton University Press.

Manela, Erez. 2007. *The Wilsonian Moment: Self-Determination and the International Origins of Anticolonial Nationalism*. Oxford: Oxford University Press.

Manin, Bernard. 1994. "Checks, balances, and boundaries: The separation of powers in the constitutional debate of 1787." In Biancamaria Fontana (ed.), *The Invention of the Modern Republic* (pp. 27–62). Cambridge: Cambridge University Press.

Manin, Bernard. 1997. *The Principles of Representative Government*. Cambridge: Cambridge University Press.

Maravall, José María, and Adam Przeworski (eds.). 2003. *Democracy and the Rule of Law*. New York: Cambridge University Press.

Marcuse, Herbert. 1962. *Eros and Civilization*. New York: Vintage Books.

Marcuse, Herbert. 1971. *Soviet Marxism: A Critical Analysis*. London: Penguin Books.

Markoff, John. 1999. "Where and when was democracy invented?" *Comparative Studies in Society and History* 41: 660–90.

Marx, Karl. 1844. *On the Jewish Question*. See http://csf.colorado.edu/psn/marx/Archive/1844-JQ

Marx, Karl. 1952 [1851]. *Class Struggles in France, 1848 to 1850*. Moscow: Progess Publishers.

Marx, Karl. 1934 [1852]. *The Eighteenth Brumaire of Louis Bonaparte*. Moscow: Progress Publishers.

Marx, Karl. 1971. *Writings on the Paris Commune*. Edited by H. Draper. New York: International Publishers.

May, Kenneth O. 1952. "A set of independent necessary and sufficient conditions for simple majority decision." *Econometrica* 20: 680–4.

May, Kenneth O. 1953. "A note on the complete independence of the conditions for simple majority decision." *Econometrica* 21: 172–3.

Maza Valenzuela, Erika. 1995. "Catolicismo, anticlericalismo y la extensión del sufragio a la mujer en Chile." *Estudios Politicos* 58: 137–97.

Meltzer, Allan G. and Scott F. Richards. 1981. "A rational theory of the size of government." *Journal of Political Economy* 89: 914–27.

Metcalf, Michael F. 1977. "The first 'modern' party system?" *Scandinavian Journal of History* 2: 265–87.

Michels, Roberto. 1962. *Political Parties: A Sociological Study of the Oligarchical Tendencies of Modern Democracies*. New York: Collier Books.

Miliband, Ralph. 1970. *The State in a Capitalist Society*. New York: Basic Books.

Mill, John Stuart. 1991 [1857]. *Considerations on Representative Government*. Cambridge: Cambridge University Press.

Mill, John Stuart. 1989 [1859]. *On Liberty and Other Writings*. Edited by Stefan Colini. Cambridge: Cambridge University Press.

Miller, Nicholas. 1983. "Social choice and pluralism." *American Political Science Review* 77: 734–47.

Montesquieu, Baron de. 1995 [1748]. *De l'esprit des lois*. Paris: Gallimard.
Mookherjee, Dilip, and Debraj Ray. 2003. "Persistent inequality." *Review of Economic Studies* 70: 369–93.
Moreno Alonso, Manuel. 2000. *Las Cortes de Cádiz*. Cádiz: Editorial Sarriá.
Morgan, Edmund S. 1988. *Inventing the People: The Rise of Popular Sovereignty in England and America*. New York: Norton.
Muthu, Abhinay, and Kenneth A. Shepsle. 2007. "The constitutional choice of bicameralism." Working paper, Department of Government, Harvard University.
Mutz, Diana C. 2006. *Hearing the Other Side: Deliberative versus Participatory Democracy*. New York: Cambridge University Press.
Neves, Lúcia Maria Bastos P. 1995. "Las elecciones en al construcción del imperio brasileño: Los límites de una nueva práctica de la cultura politica lusobrasileña 1820–1823." In Antonio Annino (ed.), *Historia de las elecciones en Iberoamérica, siglo XIX* (pp. 381–408). Mexico City: Fondo de Cultura Económica.
Norris, Pippa. 2002. *Democratic Phoenix: Reinventing Political Activism*. Cambridge: Cambridge University Press.
Norris, Pippa. 2004. *Electoral Engineering: Voting Rules and Political Behavior*. Cambridge: Cambridge University Press.
O'Donnell, Guillermo. 1985. "Argentina de nuevo?" Working paper, Helen Kellogg Institute for International Studies, University of Notre Dame.
O'Donnell, Guillermo. 1993. "On the state, democratization, and some conceptual problems: A Latin American view with glances at some postcommunist countries." *World Development* 21: 1355–69.
O'Donnell, Guillermo. 1994. "Delegative democracy." *Journal of Democracy* 5: 56–69.
O'Donnell, Guillermo. 1999. "Horizontal accountability and new polyarchies." In Andreas Schedler, Larry Diamond, and Mark Plattner (eds.), *The Self-Restraining State: Power and Accountability in New Democracies*. Boulder, CO: Lynne Rienner.
O'Donnell, Guillermo, Philippe C. Schmitter, and Laurence Whitehead. 1986. *Transitions from Authoritarian Rule: Tentative Conclusions about Uncertain Democracies*. Baltimore: The Johns Hopkins University Press.
Osborne, M. J., and Slivinski, A. 1996. "A model of political competition with citizen-candidates." *Quarterly Journal of Economics* 111: 65–96.
Paine, Thomas. 1989 [1776–94]. *Political Writings*. Edited by Bruce Kuklick. Cambridge: Cambridge University Press.
Palacios, Guillermo, and Fabio Moraga. 2003. *La independencia y el comienzo de los regímenes representativos*. Madrid: Editorial Sintesis.
Palmer, R. R. 1959. *The Age of the Democratic Revolution: Vol. I. The Challenge*. Princeton: Princeton University Press.
Palmer, R. R. 1964. *The Age of the Democratic Revolution: Vol. II. The Struggle*. Princeton: Princeton University Press.
Paolucci, Caterina. 1998. "Between *Körperschaften* and census: Political representation in the German Vormärz." In Raffaele Romanelli (ed.), *How Did They Become Voters? The History of Franchise in Modern European Representation* (pp. 251–94). The Hague: Kluwer.

Parsons, Talcott. 1951. *The Social System*. New York: The Free Press.

Pasquino, Pasquale. No date. "Penser la démocratie: Kelsen à Weimar." Paris: CREA.

Pasquino, Pasquale. 1996. "Political theory, order, and threat." In Ian Shapiro and Russell Hardin (eds.), *Political Order. Nomos XXXVIII* (pp. 19–41). New York: New York University Press.

Pasquino, Pasquale. 1997. "Emmanuel Sieyes, Benjamin Constant et le 'Gouvernement des Modernes'." *Revue Française de Science Politique* 27: 214–29.

Pasquino, Pasquale. 1998. *Sieyes et L'Invention de la Constitution en France*. Paris: Editions Odile Jacob.

Pasquino, Pasquale. 1999. "Republicanism and the separation of powers." Paris: CNRS.

Paz, Octavio. 1965. "A democracia en América Latina." *Caderno de Cultura de O Estado de São Paulo*, ano II, numero 128.

Payne, J. Mark, Daniel G. Zovatto, Fernando Carrillo Flórez, and Andrés Allamand Zavala. 2002. *Democracies in Development: Politics and Reforms in Latin America*. Washington, DC: Johns Hopkins University Press.

Persson, Torsten, Gerard Roland, and Guido Tabelini. 1996. "Separation of powers and accountability: Towards a formal approach to comparative politics." Discussion Paper No. 1475. London: Centre for Economic Policy Research.

Peter, Henry, Lord Brougham. 2002 [1839]. "Remarks on party." In Susan E. Scarrow (ed.), *Perspectives in Political Parties* (pp. 51–6). New York: Palgrave Macmillan.

Pierre, Jan, Lars Svåsand, and Anders Widfeldt. 2000. "State subsidies to political parties: Confronting rhetoric with reality." *West European Politics* 23: 1–24.

Piketty, Thomas. 1995. "Social mobility and redistributive politics." *Quarterly Journal of Economics* 110: 551–84.

Piketty, Thomas. 2003. "Income inequality in France, 1901–1998." *Journal of Political Economy* 111: 1004–42.

Piketty, Thomas, and Emmanuel Saez. 2003. "Income inequality in the United States, 1913–1998." *Quarterly Journal of Economics* 118: 1–39.

Pitkin, Hanna F. 1967. *The Concept of Representation*. Berkeley: University of California Press.

Pitkin, Hanna F. 1989. "Representation." In Terence Ball, James Farr, and Russel L. Hanson (eds.), *Political Innovation and Conceptual Change* (pp. 132–54). Cambridge: Cambridge University Press.

Posada-Carbó, Eduardo. 2000. "Electoral juggling: A comparative history of the corruption of suffrage in Latin America, 1830–1930." *Journal of Latin American Studies* 32: 611–44.

Prat, Andrea. 1999. "An economic analysis of campaign financing." Working paper, Tilburg University.

Przeworski, Adam. 1988. "Democracy as a contingent outcome of conflicts." In Ion Elster and Rune Slagstad (eds.), *Constitutionalism and Democracy* (pp. 59–80). Cambridge: Cambridge University Press.

Przeworski, Adam. 1991. *Democracy and the Market*. New York: Cambridge University Press.

Przeworski, Adam. 2003. "Freedom to choose and democracy." *Economics and Philosophy 19:* 265–79.

Przeworski, Adam. 2005. "Democracy as an equilibrium." *Public Choice 123:* 253–73.

Przeworski, Adam, and Michael Wallerstein. 1988. "Structural dependence of the state on capital." *American Political Science Review 82:* 11–30.

Przeworski, Adam, and Fernando Limongi. 1993. "Political regimes and economic growth." *Journal of Economic Perspectives 7:* 51–69.

Przeworski, Adam, Susan C. Stokes, and Bernard Manin (eds.), 1999. *Democracy, Accountability, and Representation.* New York: Cambridge University Press.

Przeworski, Adam, and Covadonga Meseguer. 2006. "Globalization and democracy." In Pranab Bardhan, Samuel Bowles, and Michael Wallerstein (eds.), *Globalization and Egalitarian Distribution* (pp. 169–91). Princeton: Princeton University Press.

Rae, Douglas W. 1969. "Decision rules and individual values in constitutional choice." *American Political Science Review 63:* 40–56.

Rae, Douglas W. 1971. "Political democracy as a property of political institutions." *American Political Science Review 65:* 111–19.

Rae, Douglas W. 1975. "The limits of consensual decision." *American Political Science Review 69:* 1270–94.

Rakove, Jack N. 2002. *James Madison and the Creation of the American Republic* (2nd ed.). New York: Longman.

Rakove, Jack N. 2004. "Thinking like a constitution." *Journal of the Early Republic 24:* 1–26.

Rakove, Jack N. Andrew R. Rutten, and Barry R. Weingast. 2000. "Ideas, interests, and credible commitments in the American revolution." Manuscript. Department of Political Science, Stanford University.

Raz, Joseph. 1994. *Ethics in the Public Domain.* Oxford: Clarendon Press.

Riker, William. 1965. *Democracy in America* (2nd ed.). New York: Macmillan.

Riker, William. 1982. *Liberalism against Populism: A Confrontation Between the Theory of Democracy and the Theory of Social Choice.* San Francisco: Freeman.

Rippy, Fred J. 1965. "Monarchy or republic?" In Hugh M. Hamill, Jr. (ed.), *Dictatorship in Spanish America* (pp. 86–94). New York: Knopf.

Ritter, Gerard A. 1990. "The electoral systems of imperial Germany and their consequences for politics." In Serge Noiret (ed.), *Political Strategies and Electoral Reforms: Origins of Voting Systems in Europe in the 19th and 20th Centuries* (pp. 53–75). Baden-Baden: Nomos Verlagsgesellschaft.

Roberts, Michael. 2002. *The Age of Liberty: Sweden 1719–1772.* New York: Cambridge University Press.

Roemer, John. 2001. *Political Competition.* Cambridge: Harvard University Press.

Roháč, Dalibor. 2008. " 'It is by unrule that Poland stands.' Institutions and political thought in the Polish-Lithuanian republic." *The Independent Journal 13:* 209–24.

Romanelli, Raffaele. 1998. "Electoral systems and social structures. A comparative perspective." In In Raffaele Romanelli (ed.), *How Did They Become Voters? The History of Franchise in Modern European Representation* (pp. 1–36). The Hague: Kluwer.

Rosanvallon, Pierre. 1992. *Le sacre du citoyen: Histoire du suffrage universel en France*. Paris: Gallimard.

Rosanvallon, Pierre. 1995. "The history of the word 'democracy' in France." *Journal of Democracy* 5(4): 140–54.

Rosanvallon, Pierre. 2004. *Le Modèle Politique Français: La société civile contre le jacobinisme de 1789 á nos jours*. Paris: Seuil.

Rosenblum, Nancy L. 2008. *On the Side of the Angels: An Appreciation of Parties and Partisanship*. Princeton: Princeton University Press.

Rousseau, Jean-Jacques. 1964 [1762]. *Du contrat social*. Edited by Robert Derathé. Paris: Gallimard.

Roussopoulos, Dimitrios, and C. George Benello (eds.). 2003. *The Participatory Democracy: Prospects for Democratizing Democracy*. Montreal: Black Rose Books.

Sabato, Hilda. 2003. "Introducción." In Hilda Sabato (ed.), *Ciudadanía política y formación de las naciones: Perspectivas históricas de América Latina* (pp. 11–29). Mexico City: El Colegio de Mexico.

Sabato, Hilda. 2008. *Buenos Aires en Armas: La Revolución de 1880*. Buenos Aires: Siglo XXI.

Sabato, Hilda, and Alberto Littieri (eds.). 2003. *La vida política en la Argentina del siglo XIX: Armas, votos y voces*. Buenos Aires: Fondo de Cultura Económica.

Saiegh, Sebastian. 2009. "Ruling by statue: Evaluating chief executives' legislative success rates." *Journal of Politics* 71: 1342–56.

Saint-John, Henry, Viscount Bolingbroke. 2002 [1738]. "The patriot king and parties." In Susan E. Scarrow (ed.), *Perspectives in Political Parties* (pp. 29–32). New York: Palgrave Macmillan.

Sánchez-Cuenca, Ignacio. 1998. "Institutional commitments and democracy." *European Journal of Sociology* 39: 78–109.

Sánchez-Cuenca, Ignacio. 2003. "Power, rules, and compliance." In José María Maravall and Adam Przeworski (eds.), *Democracy and the Rule of Law* (pp. 62–93). New York: Cambridge University Press.

Scarrow, Susan E. (ed.). 2002. *Perspectives in Political Parties*. New York: Palgrave Macmillan.

Schmitt, Carl. 1988 [1923]. *The Crisis of Parliamentary Democracy*. Cambridge, MA: MIT Press.

Schmitt, Carl. 1993. *Théorie de la Constitition*. Traduit de l'Allemand par Lilyane Deroche. Paris: Presses Universitaires de France.

Schmitter, Philippe, and Terry Lynn Karl. 1991. "What democracy is... and what it is not." *Journal of Democracy* 2: 75–88.

Schorske, Carl E. 1955. *German Social Democracy 1905–1917: The Development of the Great Schism*. New York: Harper & Row.

Schumpeter, Joseph A. 1942. *Capitalism, Socialism, and Democracy*. New York: Harper & Brothers.

Schwartzberg, Melissa. 2009. *Democracy and Legal Change*. New York: Cambridge University Press.

Sen, Amartya. 1970. "The impossibility of a Pareto liberal." *Journal of Political Economy 78:* 152–78.

Sen, Amartya. 1981. *Poverty and Famines: An Essay on Entitlement and Deprivation*. Oxford: Oxford University Press.

Sen, Amartya. 1988. "Freedom of choice: Concept and content." *European Economic Review 32:* 269–94.

Sen, Amartya. 2003 (October 6). "Democracy and its global roots: Why democratization is not the same as Westernization." *The New Republic*.

Seymour, Charles. 1915. *Electoral Reform in England and Wales: The Development and Operation of the Parliamentary Franchise, 1832–1885*. New Haven: Yale University Press.

Shapiro, Ian. 1999. *Democratic Justice*. New Haven: Yale University Press.

Shapiro, Carl, and Joseph E. Stiglitz. 1986. "Equilibrium unemployment as a worker disciplining device." *American Economic Review 74*: 433–4.

Sharp, Andrew. 1998. *The English Levellers*. Cambridge: Cambridge University Press.

Shelling, Thomas. 1954. *Strategy and Conflict*. Cambridge, MA: Harvard University Press.

Shklar, Judith N. 1979. "Let us not be hypocritical." *Deadalus 108*: 1–25.

Sieyes, Emmanuel. 1970. *Qu'est-ce que le tiers état?* Edited by Roberto Zapperi. Genève: Droz.

Simmel, Georg. 1950 [1908]. *The Sociology of Georg Simmel*. Translated, edited, and with an introduction by Kurt H. Wolff. New York: The Free Press.

Simpser, Alberto. 2006. "Making votes not count: Strategic incentives for electoral corruption." PhD Dissertation, Stanford University.

Skidelsky, Robert. 1970. "1929–1931 revisited. *Bulletin of the Society for the Study of Labour History 21*: 6–8.

Skinner, Quentin. 1973. "The empirical theorists of democracy and their critics: a plague on both houses." *Political Theory 1*: 287–306.

Sobrevilla, Natalia. 2002. "The influence of the European 1848 revolutions in Peru." In Guy Thomson (ed.), *The European Revolutions of 1848 and the Americas* (pp. 191–216). London: Insitute of Latin American Studies.

Soriano, Graciela. 1969. "Introducción." In Simon Bolívar, *Escritos politicos* (pp. 11–41). Madrid: Alianza Editorial.

Stokes, Susan C. 2001. *Mandates and Democracy: Neoliberalism by Surprise in Latin America*. Cambridge: Cambridge University Press.

Stone, Geoffrey R. *Perilous Times: Free Speech in Wartime, From the Sedition Act of 1798 to the War on Terrorism*. New York: Norton.

Stratman, Thomas. 2005. "Some talk: Money in politics. A (partial) review of the literature." *Public Choice 124*: 135–56.

Sunstein, Cass. 1995. "Democracy and shifting preferences." In David Coop, Jean Hampton, and John E. Roemer (eds.), *The Idea of Democracy* (pp. 196–230). Cambridge: Cambridge University Press.

Teik, Goh Cheng. 1972. Why Indonesia's attempt at democracy in the mid-1950s failed. *Modern Asian Studies 6*: 225–44.

Ternavaso, Marcela. 1995. "Nuevo régimen representativo y expansión de la frontera politica. Las elecciones en el estado de Buenos Aires: 1820–1840." In Antonio Annino (ed.), *Historia de la elecciones en Iberoamérica, siglo XIX* (pp. 65–106). Mexico City: Fondo de Cultura Económica.

Thach, Charles C., Jr. 1969 [1923]. *The Creation of the Presidency 1775–1789: A Study in Constitutional History.* Baltimore: The Johns Hopkins University Press.

Tingsten, Herbert. 1973. *The Swedish Social Democrats.* Totowa: Bedminster Press.

Tocqueville, Alexis de. 1961 [1835]. *De la démocratie en Amérique.* Paris: Gallimard.

Trębicki, Antoni. 1992 [1792]. "Odpowiedź autorowi prawdziwemu Uwagi Dyzmy Bończy Tomaszewskiemu nad Konstytucją i rewolucją dnia 3 maja." In Anna Grześkowiak-Krwawicz (ed.), *Za czy przeciw ustawie rządowej* (pp. 193–260). Warszawa: Institut Badań Literackich.

Törnudd, Klaus. 1968. *The Electoral System of Finland.* London: Hugh Evelyn.

Tsebelis, George. 2002. *Veto Players: How Political Institutions Work.* Princeton: Princeton University Press.

Ungari, Paolo. 1990. "Les réformes électorales en Italie aux XIXe et XXe siècles." In Serge Noiret (ed.), *Political Strategies and Electoral Reforms: Origins of Voting Systems in Europe in the 19th and 20th Centuries* (pp. 127–38). Baden-Baden: Nomos Verlagsgesellschaft.

Urfalino, Philippe. 2007. "La décision par consensus apparent: Nature et propriétes." *Revue Européenne des Sciences Sociales 95:* 47–70.

Valenzuela, J. Samuel. 1995. "The origins and transformations of the Chilean party system." Working Paper No. 215, Helen Kellogg Institute for International Studies, University of Notre Dame.

Verba, Sidney, Kay Schlozman, and Henry E. Brady. 1995. *Voice and Equality: Civic Voluntarism in American Politics.* Cambridge, MA: Harvard University Press.

Verney, Douglas V. 1957. *Parliamentary Reform in Sweden, 1866–1921.* Oxford: Clarendon Press.

Vile, M. J. C. 1998. *Constitutionalism and the Separation of Powers* (2nd ed.). Indianapolis: Liberty Press.

Waldron, Jeremy. 2006. "The core of the case against judicial review." *Yale Law Journal 115:* 1346–1406.

Washington, George. 2002 [1796]. "Farewell Address to Congress." In Susan E. Scarrow (ed.), *Perspectives in Political Parties* (pp. 45–50). New York: Palgrave Macmillan.

Weingast, Barry R. 1997. "Political foundations of democracy and the rule of law." *American Political Science Review 91:* 245–63.

Weisberger, Bernard A. *America Afire: Jefferson, Adams, and the First Contested Election.* New York: HarperCollins.

Wills, Garry. 1981. *Explaining America: The Federalist.* New York: Penguin Books.

Wills, Garry. 1982. "Introduction." In *The Federalist Papers by Alexander Hamilton, James Madison, and John Jay.* New York: Bantam Books.

Wills, Garry. 2002. *James Madison*. New York: Henry Holt.

Wood, Gordon S. 1969. *The Creation of the American Republic, 1776–1787*. New York: Norton.

Wootton, David. 1993. "The levellers." In John Dunn (ed.), *Democracy: The Unfinished Journey, 508 BC to AD 1993* (pp. 71–90). Oxford: Oxford University Press.

Yadav, Yogendra. 2000. "Understanding the second democratic upsurge: Trends of Bahujan participation in electoral politics in the 1990s." In Francine Frankel, Zoya Hasan, Rajeev Bhargava, and Balveer Arora (eds.), *Transforming India: Social and Political Dynamics of Democracy* (pp. 120–45). Oxford: Oxford University Press.

Young, Crawford. 1994. *The African Colonial State in Comparative Perspective*. New Haven: Yale University Press.

Zeldin, Theodore. 1958. *The Political System of Napoleon III*. New York: Norton.

Zolberg, Aristide. 1972. "Moments of madness." *Politics and Society* 2: 183–207.